读懂山西

华夏记忆 ○ 血火征程 ○ 时代气象

张卫平　李景平　温学军
———— 著 ————

希望出版社

图书在版编目（CIP）数据

读懂山西 / 张卫平, 李景平, 温学军著. — 太原：希望出版社, 2022.12

ISBN 978-7-5379-8682-3

Ⅰ.①读… Ⅱ.①张… ②李… ③温… Ⅲ.①山西—地方史 Ⅳ.①K292.5

中国版本图书馆CIP数据核字（2022）第002035号

读懂山西
DUDONG SHANXI

张卫平　李景平　温学军　著

出版人：王　琦	复审：傅晓明
责任编辑：邢　龙　张泽坤	终审：王　琦
美术编辑：王　蕾	责任印制：刘一新　李世信
装帧设计：张永文	

地址：山西省太原市建设南路21号	邮编：030012
印刷：山西基因包装印刷科技股份有限公司	出版发行：希望出版社
开本：880mm×1230mm　1/32	经销：全国新华书店
版次：2022年12月第1版	印张：6.25
印次：2022年12月第1次印刷	

书号：ISBN 978-7-5379-8682-3	定价：38.00元

"人说山西好风光"

◎——《读懂山西》代序

张卫平

　　说起山西，人们自然会想起一首歌——"人说山西好风光，地肥水美五谷香。左手一指太行山，右手一指是吕梁。站在那高处望上一望，你看那汾河的水呀，哗啦啦啦流过我的小村旁……"这首歌是电影《我们村里的年轻人》中的插曲，歌词由我国著名作家乔羽先生创作，描绘的就是山西秀美的山川。歌曲一经播放便迅疾红遍大江南北，郭兰英那欢快、明亮的声音也成了一个时代最美好的印记。

　　山西简称"晋"，又称"三晋"。山西因居太行山之西而得名，自古就有表里山河的美誉。山西北部以长城与内蒙古自治区分界，西与陕西隔黄河相望，东由太行山与河北毗连，南跨中条山与河南为邻。山西南北长682公里，东西宽

385 公里，总面积 15.67 万平方公里，总人口 3400 余万人。山西历史悠久，是中华民族的发祥地之一。早在旧石器时代我们的祖先就生活在这里，黄帝、炎帝以及史前三大圣人尧、舜、禹都曾在山西境内点亮中华文明的兴盛之光。中国历史上建立的第一个王朝夏就诞生在山西南部，此后春秋五霸的晋国，战国七雄的韩、赵、魏，以及走马灯似的不断更迭的大小王朝，封疆守土，造构家国，山西都在其中发挥过重要的历史作用。山西人才辈出、代不乏人，历史上孕育了一大批杰出的政治家、军事家、历史学家、文学家……政治家中有一代霸主的晋文公重耳等，军事家中有武圣之称的关羽等，历史学家中有写出《资治通鉴》的司马光等，文学家中有初唐四杰之一的王勃，有唐宋八大家之一的柳宗元，有唐代著名诗人白居易、王之涣、王维、王昌龄等，有写出千古绝唱《窦娥冤》的戏曲大家关汉卿等，有写出《三国演义》的罗贯中等。他们就像天上的星星一样，永远闪耀在中国历史的天空中。山西也是革命老区。近代以来，山西作为较早响应武昌起义的省份，在辛亥革命中起到了极为重要的作用。抗日战争时期，山西又是华北抗日的主战场，山西人民在中国共产党的领导下，与日本侵略者进行了艰苦卓绝的斗争，谱写了无数可歌可泣的英雄故事。新中国成立后，山西掀起了社会主义建设高潮，一大批新时期英雄人物傲立潮头。由我省著名作家马烽编剧的电影《我们村里的年轻人》，反映的正是这一时期我省年轻人乐观向上、艰苦奋斗的精神风采。改革开放以来，山西的各项事业又发生了翻天覆地的变化。山西谱写了震响全国的壮歌——全世界最大的特高压变电工程、"5G 煤矿"、"手撕钢"。山西也以昂扬的姿态、矫健的步伐迈入了新时代，唤回了"山西蓝"，母亲河重新荡漾起"汾河流水哗啦啦"，中国大地又重新唱起"人说山西好风光"。

《读懂山西》就是一本宣传、介绍山西悠久历史、辉煌现实的青少年读物。全书共分三个部分，第一部分为"华夏记忆"（由温学军撰写）；第二部分为"血火征程"（由张卫平撰写）；第三部分为"时代气象"（由李景平撰写）。为了突出重点、凸显亮点，让青少年在最短时间内了解山西，各部分介绍的都是有山西特色的历史事件和历史人物。这些历史事件、历史人物就像美丽耀眼的珍珠，我们在历史的长河中将它们打捞出来。参与打捞的有温学军、李景平和我三人。由于时间关系以及打捞者的视野、水平等因素，本书不免遗珠之憾，还望各位方家海涵。

感受三晋文化，领略山西风采！

请打开这本闪着珍珠光彩的小书！

2021 年 6 月 6 日于书房院

2022 年 6 月修订

目录

| 血火征程 |

| 时代气象 |

华夏记忆

汾水岸三帝之所，陶唐氏
忧思之深。悠悠黄土，磊磊侠骨，
望锦绣山河，祭洪洞祖先……

三帝之所

◎早期的中华黄河文明，可能就是汾河文明

　　水是人类最古老的恐惧。人类文明各个系统的神话中，都存有对洪水的原始记忆。中华文明也是如此，神话残片中记录了共工怒触不周山，导致洪水滔天，人民无法生存。

　　然而人类离不开水源，需要逐河而居。从两河流域到古埃及、古印度，所有的文明也都是河流文明。中华文明史，离不开黄河。几千年中华文明史，几乎也可以算作一部黄河治理史。

　　水启迪先人的智慧。楚国的智者老聃，沉默地写下"上善若水"的字句。率弟子周游列国的孔丘，面对川流不息的黄河，发出"逝者如斯夫"的感慨。西方哲学家赫拉克利特则以数理的精确思维发现时间的性质，作出"人不能两次踏进同一条河流"的不朽论断。

　　水，随物赋形，不断变化。中华的图腾龙，焉知不是因水而来？

在中国早期文明发生的时候，气候比现在温暖，植被茂密，黄河流域还有大象、犀牛生存。可以想见，当时黄河的水量要远远大于现在，动辄泛滥成灾。先民于是聚居于黄河的重要支流之一——汾河流域。因此，早期的中华文明，在某种程度上，也可以说是汾河文明。

汾河曾是巨伟的河流！就现在的记载来看，一直到西汉，武帝刘彻巡幸汾河，曾作《秋风辞》，船队拱卫，他乘坐在巨大的龙舟之上。由此也可以想见，在远古的时候，汾河的水量又当有何等的丰沛。其时，汾河流域重要区域太原盆地河湖密布，洪水肆虐，整个太原盆地，尚不适宜人类居住。

"尧都平阳，舜都蒲坂，禹都安邑。"平阳即现在的临汾，

蒲坂即现在的永济，安邑即现在的运城。也就是说，三圣尧舜禹，其都城都在黄河的支流汾河中下游地区。

这是古圣王时代，这是奉行部落选举和禅让的时代，尧把王位传给贤人舜，舜又传给禹。许多故事从远古传到了今天。在尧的时代，人们对火的运用已经达到了极为熟练的程度。发明掘井取水，这同样是文明的标志，须知当今的许多非洲部落严重缺水而不知凿井，中国援助非洲多国的一项重要措施便是为当地挖井。

传说是尧时期流传下来的一首古歌《击壤歌》，它是我国最古老的诗歌之一，是诗歌精神的源头，承载了先民及几千年传诵者的生命态度：

黄河 ▼

"日出而作，日入而息。凿井而饮，耕田而食。帝力于我何有哉！"

贤人舜则留下垂范后世的美德事迹。传说他在山间耕作，人民纷纷前往与他同住，他在的地方很快聚集成城邑。舜更是一位厚德的圣王，善于以德报怨，给后世的家庭生活提供了榜样。他的后母和弟弟象数次陷害他，有一次趁他下井，居然要埋了他，舜逃脱后还是原宥了他们，最终成功地感化了他们，化解了家庭矛盾。

中华文明数千年的宗法制度中，家庭是最基础的社会单位，它的稳固及对矛盾的有效化解，几乎代表着整个社会和国家的稳固，文明的积累也借此完成。舜的作为，正是文明延续的基础。

黄河 ▲

舜的弟弟叫象，还有一种说法，称这则神话故事具有强烈的象征意味，即舜驯服了自然界的大象。时至今日，在翼城、沁水、垣曲三县交界处的历山，仍存景观"舜王坪"，这里有一块巨大的高山草甸地貌，历代相传舜就在这里耕作。

同样，大禹治水三过家门而不入的故事，则是公而忘私精神的体现。

这是原始的大同世界，是人类童年的熹微之光。这种精神在具有慎终追远传统的中华文明中代代相传，被人们寄寓了越来越丰厚的社会理想。许多故事隐含了可以直接映照现代生活的价值观，比如禅让可以对照公正、民主，《击壤歌》中的境界可以对照平等、自由，舜的故事可以对照友善、和谐，禹的故事可以对照敬业……

浩荡的汾河，在山西由北向南贯穿而下的汾河，发生、养育、承载、流传着古老的中华文明。河水奔腾不息，它的每一个浪花和水滴都越来越清晰，河岸边的歌声也越来越真切。铎声由远而近，采诗官凝神，他听到"坎坎伐檀兮"的吟唱，他记下空中缭绕的"无食我黍"的字句。

链接：晋侯墓地遗址

晋侯墓地遗址位于山西曲沃、翼城两县境内，是西周时期晋国早期的晋侯墓地，出土了大量精美的玉器、青铜礼器等文物。

该西周墓地出土的最著名的青铜器，是鸟尊。

鸟尊 ▲

负重虑远

◎叔虞立国、重耳复国，砥砺前行的晋人精神

　　山西，简称"晋"。晋国始祖，可追溯至公元前 1000 年左右周成王时代的唐叔虞。唐叔虞姓姬，名虞，作为周成王的弟弟，又被封在唐国，故史称唐叔虞。周武王死时，儿子周成王年幼，叔父周公旦摄政。周成王和弟弟叔虞在桐树下

唐叔虞塑像 ▲

玩耍，秋风忽至，桐叶如大鸟翻飞飘落。成王捡起一枚，用小刀切成"圭"（古代帝王诸侯举行礼仪时所用的玉器，上尖下方）给叔虞，说："封给你一块土地，喏。"

周公知道了，向周成王祝贺，周成王一头雾水。周公微笑着对成王解释："听说你分封弟弟叔虞，我怎能不赶来道贺呢。"

成王哈哈大笑说："刚才我是和叔虞闹着玩啊。"

周公正色对成王说："无论是谁，都要以'信'为重；你身为天子，说话更不能随随便便。如此，才能得到人民信赖。倘使罔顾信义，任意将自己说出口的话视为玩笑，这样还有资格做一国的天子吗？"

成王深感惭愧，于是将叔虞册封于唐地。坚守诚信不仅是人的立身之本，更是国家的立国之策。

此事史称"桐叶封弟"，简称"桐封"。叔虞前往封地后，深孚众望。当时唐地少数民族杂居，部落仇杀频仍。叔虞从现实出发，结合实际情况，采取良好的民族政策，有效化解部族矛盾，稼禾丰收，人民安居。叔虞的封地和子孙后代发展为晋国。

到了春秋时期，晋国发生内乱，公子重耳被迫逃亡，一干贤士不离不弃，始终追随他。在辗转列国、时间长达十九年的漫长漂泊中，艰险无算，屈辱接踵，饥寒交迫，刺客追杀，他们时常命悬于一线。艰难困苦的逃亡生涯，完成了重耳心智和意志力的修炼，完成了他对民间苦难的体察和对家国命运的深邃反思。

逃亡途中，食物匮乏，他们多次面临即将饿毙的绝境，还遇到世态炎凉的嘲讽。有一次乞讨食物，有人将一块土坷垃送给他们。重耳大怒，从人却说，土坷垃是土地的象征，有人把土地送给主公，这是喜事啊。重耳于是肃然接受。

在曹国他受到羞辱，在郑国他受到无礼的怠慢，在齐国贪于生活安逸不愿继续漂泊。重耳动摇过，试图放弃过，但在贤士们的劝导和辅佐下，他最终坚定了心智。他经历的所有磨难，化为胸中山川丘壑。

在楚国他受到礼遇。酒宴上楚王问他，将来何以为报？他说，楚国地大物博，不缺什么，万一将来两军对阵，我愿退避三舍为礼。古代一舍为三十里，退避三舍便是退军九十里。楚王敬之。

十九年后，重耳在秦国的帮助下重掌故国，一一兑现了自己的诺言。在与楚国爆发不可避免的城濮之战时，晋军果真退军九十里作为礼让，最终重创楚军。

重耳对晋国进行了一系列改革。他大量任用有才能的人和有功之臣，减免赋税和各种苛刻禁令，鼓励农业、改进生产工具，降低税收争取邻商入晋。所有相关政策皆具有稳定性和延续性。由于游牧民族对晋国造成骚扰，他又大刀阔斧进行了军事改革，晋军的战斗力大幅上升。

多年的游历开阔了重耳的胸怀。寺人（古代宫中的近侍小臣）勃鞮武艺高强，曾多次奉命追杀重耳，曾经在黑暗中一刀斩断跳墙逃跑的重耳的衣袖。因勃鞮后来的功劳，重耳对他既往不咎。

重耳治下的晋国，是锐意改革的晋国，是注重德行而不泥古的晋国，是国力和国家威望迅速上升的晋国。长期陷入内乱的晋国从此一跃成为"春秋五霸"之一，史以"齐桓、晋文"并称。晋国成了当时的超级大国。时移世异，晋国后来一分为三。到战国时代，国力最强的七个国家即所谓"战国七雄"中，竟有韩赵魏三国源自晋国。

唐叔虞以信立国，晋文公重耳以负重虑远的坚忍意志强国，在久远时间的沉淀中，这些都化为晋人珍贵的精神遗产。

链接:《赵氏孤儿》

春秋时期，晋景公在位时，晋国大臣赵盾一家三百余口被奸臣屠岸贾杀害。围绕着赵氏孤儿赵武的生死存亡，程婴等人冒死历险，慷慨赴义，与屠岸贾上演了一场正义与邪恶的较量、善良与残暴的比拼。

元代剧作家纪君祥从《左传》《史记》等史籍取材，对历代流传的程婴保存赵孤的故事进行加工创造，写成元杂剧《赵氏孤儿》，被称为"中国文学史上的《哈姆雷特》"。法国启蒙思想家伏尔泰曾将其改编为话剧《中国孤儿》，上映后轰动一时。

鼎新弃旧

◎铸刑鼎与"胡服骑射"

公元前 550 年左右，古希腊人在今天的土耳其西海岸建成了当时世界最大的大理石建筑阿尔忒弥斯神殿。其时，居鲁士二世大帝建立波斯帝国。中国正处于纷争日趋剧烈的春秋战国时代。这一年，晋国的正卿范宣子制定了一部刑书，但时人还不能接受，只能束之高阁。

又过了几十年，赵简子自国内征收四百八十斤铁，铸就一座鼎，将范宣子的刑书内容铸刻其上，公布于世。鼎是国家公权力象征，赵简子的这一举动震动列国，也标志着晋国较早步入顺应时代的改革之中。

刑书的公布，具有划时代的重大意义。此前，是"礼不下庶人，刑不上大夫"的。刑书是当时新兴地主阶级意志的法律体现，它的公布是晋国由礼治走向法治的标志。

赵简子在自己的封地内，实施一系列经济改革措施。废除百步为亩的井田制，实行租税制。兵家孙武评论说，当时晋国的六卿中，范氏、中行氏亩制最小，以一百六十步为亩，民众少而贫困，故而早衰亡。智氏以一百八十步为一亩，韩氏与魏氏以二百步为一亩。只有赵氏以二百四十步为一亩，仍收原来的税。民众富庶，纷纷拥戴赵氏，所以晋国将归于赵氏。

改革者生，守旧者亡。赵氏果然很快异峰突起，建立赵国。

公元前 326 年，周天子已形同虚设，礼崩乐坏，征伐不断。赵国面临强敌环伺的局面。年仅十五岁的赵武灵王刚继位，就迎来多国联合军队以吊丧之名、意图趁机瓜分赵国的危险。在这种不利情况下，赵武灵王沉着地化解了危机。

赵武灵王塑像 ▲

　　此时的赵国地跨今日河北和山西，中间夹着一个中山国，首尾不能相顾。对赵国构成威胁的除了强邻魏国和齐国，还有北方游牧民族的侵袭。

　　当时的兵种，主要作战工具是马拉战车，机动性很差。服装是长袍宽袖，上身为宽大的袍子，下身是和袍子连在一起的类似裙子的服装。这种服装对于骑马作战极为不便。

　　在与胡人的战争中，赵武灵王认识到胡人的优势，那便是胡人拥有当时最先进的兵种——骑兵。骑兵来如飞鸟，去如绝弦，在奔马上引弓，具有可怕的杀伤力。而胡人为了战斗方便，身着胡服，上着紧身衣，下着分裆裤，足蹬皮靴。

　　赵武灵王痛定思痛，决意革新军队。他推行"胡服骑射"，成为中原第一位主动向游牧文明学习的君主。

　　改革的阻力是巨大的。当时赵国的国都邯郸是以服饰、举止优雅著称于列国的，庄子写过一个"邯郸学步"的故事，说有个人在邯郸学习当地人怎么走路，结果没学会，自己也不会走了。让赵国人放弃自己的优雅服饰，穿一向被斥为"蛮族"的胡人的衣服，简直是难如登天。更何况彼时的农耕文明对自己的制度和文化有优越感，在礼法上更视穿胡服为大逆不道甚至亡国之举。

　　"疑行无名，疑事无功。"在赵武灵王雷厉风行的推动下，赵国的男人们终于都穿上了裤子。他专门请胡人为教练，训练赵国军队骑马射箭，并在胡人中招募愿意参军的士兵。如此，赵国在七国中率先建立了骑兵部队，战斗力空前增强。

十二年间，赵国拓土千里。

赵武灵王胡服骑射，具有深远的影响，他纵马驰骤的马蹄声响彻整个曲折而幽暗的历史空间。

胡服骑射意义并不限于军事改革，甚至主要意义不在于此。它给僵化和一味苛求秩序的农耕文明注入新鲜血液，给中华文明带来尚武精神。梁启超高度评价赵武灵王的历史功绩，将他比作沙俄的彼得大帝，认为他和汉武帝、唐太宗一样，是少数可以取得对北方游牧民族战争胜利的人。梁启超甚至认为，赵武灵王是"黄帝之后的第一伟人"。

山右之地，表里山河，东西南北大山横亘，封闭的地理环境和外来信息的隔绝往往也造成人们心理的封闭。我们向来认为山西土地贫瘠，人民吝啬，忧思深重，理念保守落后。然而须知，锐意变革、主动向先进文明学习、勇为天下先也是晋文明乃至华夏文明中极为难得的伟大思想。在今日，"胡服骑射"的变革意识仍然启迪着我们，激励着我们，鞭策着我们。

链接：赵武灵王乔扮探秦

公元前298年，退位之后的赵武灵王假装外交随从人员进入秦地，对沿途山川风土细加考察。他随使者会见许多秦国大臣，对秦国大臣的贤庸强弱有了深入了解，并随使者拜见秦昭王。

秦昭王发现这位高大的随从人员气度不凡，心中生疑。赵武灵王也觉察到秦昭王的态度，立即出发返赵。

秦昭王认为这位外交随从绝非等闲之辈，必是赵国的极贵之人来窥秦情。于是速派使者宴请这位随从晚间再到王宫作客。赵国的外交使馆说这个随从白日失礼，已被遣回赵国。秦昭王速派精骑追逐。精骑一路狂奔，追到边塞也没有见到赵武灵王。守塞之人告诉他们，赵国的使者刚刚离去。

赵武灵王乔装打扮成赵国使者，亲自深入秦国境内，打探当地的山川地形和兵力部署，就此制定了一个极为大胆的灭秦计划——亲率数万"胡服骑射"后组建的赵国骑兵，从赵国新占领的云中郡、九原郡南下，快速通过秦国防守相对空虚的北部（今陕北地区），直插秦国的心脏地带关中地区。可惜他没有完成这项伟业，就因传储引起的兵变而困死沙丘行宫。

侠骨磊磊

◎赤桥豫让，士为知己者死

豫让在成为智伯家臣之前，先后事奉过晋国六卿中的范氏和中行氏。智伯兵败晋阳以后，赵襄子灭智伯全族，唯有事先对智伯绝望而改姓辅氏的智果一族得以幸免。

豫让逃亡山中。北地的大风卷动他桀骜的头发，朝晚的露珠沾满他脸上如戟的短髯。他感念主人恩德，在得知主人身亡族灭、死后仍受污辱之后，他决意要为主复仇。这个为复杂内心所折磨的男人，他将自己的余生涨满仇恨。人道"春秋无义战"，豫让以他的个人行径，确立了某种道德尺度和典范。"豫让义，不为二心"是多年以后太史公沉默的书写。

将赴死和行刺的行为执行得如此彻底，时间如此漫长。在我们看来，那每一个时刻都是冰火交替的煎熬。每日每夜，用来行刺的铁器在他手里握到灼烫，而清晨醒来，它重新开始冰凉。那铁器消耗着他的体温，也烧灼他。我们猜臆他复杂的心理：也许他根本不愿意刺死赵襄子，但是他需要、他必须完成一个仪式。行刺原本就无望，他时而飘忽的心境，更使成功希望渺茫。他要的是一个行为过程，而非结果；他以行动向世人证明着什么，也许他有着深远的构想，他的行为，也会在人心中建立一座牢固城池。到最后，他也许已经对等待感到厌倦，他几乎渴望着结局的来临，他需要以死来完成仪式。

他更名换姓，混入赵襄子所居的宫中，与奴仆同列，学习他们的谄媚、恭顺和没有尊严，他选择了最为极端的形式，做宫中厕所的修理人员，他等待着赵襄子的来临，伺机给他致命一击。我们也可以看到这一选择的缜密用意：一个人在前往厕所的途中，大概最为放松和缺乏戒备。

但赵襄子还是感觉到了那来自莫名处的阴冷寒气，他缘自内急的放松陡然绷紧。他命人搜捕周围，抓住那些修宫厕的奴仆；他找到了这个准备在厕所杀人的刺客，他的下属从豫让身上搜到利刃。赵襄子无须审讯，豫让直言不讳。他放了他，说："你以家臣而能为主复仇，是一位义士。我以后避开你就是了。"

——接下来的豫让，有过短暂的感动和犹豫吗？被要刺杀的人释放，使一个刺客行刺的动机与目的变得可疑，行刺变得困难。他需要更长时间的重新准备，以及对崩溃心理的重建。

他剃掉了胡子、头发、眉毛。他用漆漆身，使身上长满毒疮，那漆可能会令他想到主人受到的污辱，主人的头颅被敌人漆为酒器；他将漆漆在身上，在自虐一般的疼痛中，感同身受主人的痛苦，他以主人曾受到的污辱感召自己，唤起复仇信念，坚定行刺决心。

他吞下炭块令自己声音变哑。他在晋阳的大街上行乞，百感交集地看着昔日的亲友来来往往，无人可以认得他，而他悉数得知他们恬静的生活，他已经无权选择那样的生活。没有人认出他，迎面走来他的妻子，他多次看到她，她曾经姣好的面容，为对他的想念和生活的重轭所毁坏。她看到他，一个流浪的乞人，他向她伸出残破的陶碗；他那般肮脏、潦倒，但她盯着他，她的嘴颤抖着张开，她的泪流下来，她扭头，发出无法遏止的哭声。他喑哑地发声问："夫人你为什么哭泣呢？"女人说："看到你的牙齿，我想起了我的丈夫。"当晚豫让举起石头敲掉自己的牙齿。他原本可以使妻子幸福，但是他为要做的事情毁掉了一切，他也牺牲了妻子的幸福。

终于历史性的一刻来临。义人豫让，来到了距现在晋祠不远的赤桥，埋伏在桥洞下面。赤桥是赵襄子在智伯渠上修建的一座石桥，因为水灌晋阳之故，反用五行相克，以火克水，取名赤桥。关于赤桥之名的由来，明代《山西通志》还有另一种说法："初名豫让桥，至宋太祖凿卧虎山，有血流成河，故更今名。"

这是一个黄昏，还是清晨？并不重要，重要的是一个正剧高潮的时刻来临，结尾的时刻来临。一切没有想象中的紧张，一切甚至是从容的，有的只是人内心的激烈撕扯。

这一次一样，义人豫让，甚至没有拔出他的武器。赵襄子的车队缓缓而至，一切没有什么异样，但赵襄子的马突然受惊，冲天嘶鸣。赵襄子立即想到了豫让。

豫让又一次被擒获。赵襄子凝望他的脸，一张面目全非的脸；那上面令他记忆深刻的仇恨的光芒消弭，那张脸几乎显得明彻和安详。

司马迁记述了两人这场安静的却惊心动魄的对话。

……襄子大义之，乃使使持衣与豫让。豫让拔剑三跃而击之，曰："吾可以下报智伯矣！"遂伏剑自杀。死之日，赵国志士闻之，皆为涕泣。

这是义人豫让第一次也是最后一次拔出剑来；血雾喷溅在赤桥上，那血只是他自己的血。

历史上的豫让桥由砂石砌筑，桥上勾栏围护，桥西有观音庙，供奉着豫让塑像，门外南侧墙上，嵌着清同治六年里人刘午阳所书"古豫让桥"石刻。

豫让桥毁于1958年，因水利改造，残存的豫让桥

古豫让桥石碑拓片 ▲

被埋入地下。在赤桥村一棵大槐树下，仅留豫让桥遗址和一座供奉着豫让像的观音庙。豫让桥的一段石栏杆，现在保存在赤桥村一所农家小院内。

链接：智者张孟谈

　　春秋末年，晋国大权旁落到智、赵、魏、韩四卿手中。智伯联合魏韩攻赵，包围晋阳城整三年，晋阳危在旦夕。

　　夜晚，张孟谈潜入魏、韩营中，说服魏桓子和韩康子，决定三家联合起来消灭智伯，事成之后平分智氏之领地。到了约定的那一天，赵、魏、韩三家联合进攻，杀得智军四散逃窜，智伯被擒。从此，晋国成了赵、魏、韩三家鼎立的局面。

　　张孟谈向赵襄子告别。赵襄子急忙挽留。张孟谈说："你想的是报答我的功劳，我想的是治国的道理，正因为我的功劳大，名声甚至还会超过你，所以才决心离开。在历史上从来没有君臣权势相同而永远和好相处的。前事不忘，后事之师。请你让我走吧。"赵襄子只好答应了。张孟谈辞去官职，退还封地，隐居到了负亲之丘。

猛将黄沙

◎ 从来幽并客，皆共尘沙老

战争是人类最可怕的灾难。所以古人说："兵者是凶器，圣人不得已而为之。"在万不得已时以战止战，止战才是目的。

或许与肃杀的地理环境有关，晋人素有尚武重侠之风。梁启超曾写：

"燕赵多慷慨悲歌之士，吴楚多放诞纤丽之文，自古然矣。长城饮马，河梁携手，北人之气概也；江南草长，洞庭始波，南人之情怀也。"

在今日，尚武不是动不动就大打出手。尚武精神，更演化为一种内在的、劲健的、自强不息的精神气质。

在古代，山西位于与北方少数民族交汇之地，争斗频繁，人民饱受离乱之苦。由此不计其数的勇士出世。

公元前三世纪，人类足迹所涉之处，均起剧烈纷争。公元前三世纪，因此也是世界名将层出不穷的世纪。人类史上很难找到哪一个百年，名将如此集中地出现。

在欧洲，出现了汉尼拔、哈米尔卡、西庇阿，在印度出现了阿育王。在辽阔的亚洲南北，出现了赵武灵王、白起、李牧、廉颇、赵奢、魏信陵君、王翦、项羽、韩信、冒顿……

公元前三世纪，是中国的战国时期。在秦统一后期，当时天下四大名将，秦占其二，为白起、王翦。赵占其二，为廉颇、李牧。

所谓名将，并不是指以杀人为目的屠夫。赵国的名将廉颇与李牧，除了高超的指挥战争技艺，更以伟大的人格力量、内在的道德律在历史中熠熠生辉。

武将不怕死、文官不爱钱，是古代社会治理的理想之一。

代县杨忠烈祠 ▲

然而即便如此，社会仍不能正常运转，文官与武将的争斗，贯穿百代。文官要和平、要积累社会财富和文明，武将要以战争立功，"一将功成万骨枯"。

廉颇与蔺相如将相和的故事广为流传，为古代社会创立了文武合力谋国的最高典范。廉颇负荆请罪，证明了自纠的巨大道德勇气。此处适合引希腊诗人塞弗里斯的诗篇：

"凭什么样的精神，什么样的勇气，
什么样的愿望和热情，
我们过着我们的生活：完全错了！
于是我们来改变我们的人生。"

长平之战后，秦军围困赵国国都，危急时刻，廉颇散尽家财招募死士，夜夜缒城而出袭秦营，秦军每夜数扰，不得安生。

赵国的另一大将李牧守边，深谋远虑，一战而令匈奴十年不敢接近边境。何用筑长城阻断北民？李牧一将，便是一道雄伟的长城。

可惜，赵王昏庸，诛杀李牧，逐走廉颇。赵国二名将，赵国自毁之，赵国不亡待何！

在西汉时期，山西出现了北逐匈奴、消除边患的名将卫青和霍去病。"匈奴未灭，何以家为！"以骑兵的机动力量孤胆深入匈奴腹地的霍去病，青春热血、意气风发，言犹在耳，至今仍是激励青少年的名言。

在东汉，不消说国人尽知的关羽，曹魏军中"五子良将"中的其二张辽、徐晃，均是山西人。此二人也是关羽在曹营中最好的朋友。张辽最显赫一战，以八百卒破孙吴军十万，险些活捉孙权，留下"威震逍遥津"的典故。张辽为将，有仁者之风，曾多次劝阻曹操屠城，使百姓幸免于难。

徐晃带兵严整。关羽北伐，水淹七军，活捉"五子良将"之首于禁，围困曹营首席大将曹仁，逼得曹操意图迁都以避关羽兵锋。正是关羽的老友徐晃领命出兵，击败了关羽。

在唐初，李渊父子自太原起兵后，名将尉迟恭立下汗马功劳。李世民曾说自己持弓，尉迟持矛，天下无敌。虽有夸口之嫌，却侧证尉迟武艺的勇猛。尉迟擅长马上夺矛反刺，曾与李元吉对试，三夺其矛。在后世乃至当今，尉迟以忠勇形象被人们绘作门神。

在导致盛唐转衰的安史之乱中，名将郭子仪崛起于行伍之中，力挽大厦于将倾。传说他后来还营救了身陷囹圄的诗人李白。郭子仪在少数民族中拥有崇高的威望，以待人诚朴的人格力量使之折服。他曾只身入前来侵犯的回纥大军，回纥首领见而大惊拜之，连说以为郭子仪不在军中才敢冒犯。郭子仪于是成功化解危机，转引回纥军攻伐吐蕃军。

在五代末至北宋，有传说至今的忠勇杨家将——杨业。杨业属北汉猛将。晋阳城破、后汉国主刘继元投降时，他仍然率军巷斗，死战不退。直到亲见国主降表，才大哭扔下武器。之后入宋军，与辽国作战时因孤军无援兵败，绝食而死。千年的民间故事和戏曲，将杨家将故事演绎得荡气回肠。

在北宋还有名将狄青，士卒出身，以军功而为国之栋梁。他作战时披发戴面具，勇冠三军，战功累累。

历数山西名将，其总体特征是不仅武艺高超，有率军的技术才能，而且多有操守，有过人的品质和非凡的人格。这也是人类最动人心弦的、最宝贵的东西。

据说人类历史中，在有记载的几千年里，只有近 300 年没有发生过战争。中国人民热爱和平，我们缅怀山西历史上的名将，更是以此励志，向人类无所畏惧、勇于探索的精神致敬。

链接：十三太保李存孝

李存孝，代州飞狐县（今山西省灵丘县一带）人。后唐猛将，历来有"王不过项、将不过李"的说法。传说战绩有十八骑取长安，数回合战败武力排名第二的"铁枪"王彦章。李存孝在十三太保中排名第一，临战必胜，未有挫败，每遇大敌，披重甲，一手执弓，一手持槊，仆人牵两匹马跟从。李存孝战时阵中换马轻捷如飞，挥舞铁楇，万人辟易。李存孝后死于同僚嫉谗。

千古军神

◎武圣关云长，昭然垂千古

　　清康熙四年（1665年），欧洲一位传教士在中国绘制了一套世界地图册。他在每个国家的地图册上，画上可以代表这个国家的人物，在中国地图册上，他画下的代表中国的人物，是关羽。

关羽塑像 ▲

公元 160 年，古罗马帝国的统治正处于顶峰时期，五贤帝之一的安东尼·庇护生命垂危。他在次年故去，传位给马可·奥勒留，一位以哲学家名世、著有《沉思录》的帝王。同一时代，中国正处于东汉王朝，关羽就出生在这一时期。

据说，关羽最初的字并不是云长，而是长生。"长生"，这像一个晋南人少年时的小名。陈寿在《三国志》里，用了九百多字来记叙关羽的一生。虽则简短，但文中关羽表现出远超常人的勇猛、真实、骄傲和自尊还是令人为之震撼。这个人可以被活捉，可以被杀死，但是没有什么东西可以折辱他。在混乱的世事中，一切不可挽回地颓败，似乎没有什么可以永久；而他以大力坚守某些事物，令其不可更改。他的骄傲，并不在于他对同世之人的傲慢，而在于他对女色、对背叛、对财富、对肉身死亡的深入骨髓的蔑视。"虽千万人，吾往矣！"书生曾子熹微的呼喊沉寂了数百年，在关羽身上则迸发出震雷般的回响。

日籍华人作家陈舜臣，在历史传记作品《曹操》中认为，关羽家乡解县一带的解池，是品质最佳池盐产地，而汉朝时国家大部分赋税仰仗盐税。因盐税甚重，私盐贩子甘冒严厉刑罚逐利而来，群聚于此。对来自官府的打击，私盐贩子大多采取地下组织形态武装抵抗。解池一带因而成为游侠豪客的聚集地。

陈舜臣认为，关羽逃离家乡，与解县侠士冒犯法律、买卖私盐活动有关。

　　公元二世纪末，大汉帝国到了崩溃的边缘，同时期的古罗马帝国不约而同地与东方的大汉帝国走向衰亡。在涿州，一个卖草鞋的，一个逃难的，一个杀猪的，刘备、关羽、张飞这三个无依无靠、没有任何根基的年轻人结义为盟，开始他们痴人说梦式的梦想和冒险。又过了很多年，他们终以三人的情谊为基立国。这的确是历史的奇迹和人性的胜利。人性战胜社会、环境，在历史中也并不多见。世人更记住了关羽神话一般的故事。

　　兵威最盛时，关羽以一人之力对抗两大集团。他手下无一名堪称蜀汉一流的大将；无一名堪称蜀汉一流的谋士。

解州关帝庙一景 ▲

整个北伐时期，他率军先后对抗曹魏军队，其对手皆为劲敌：曹仁、于禁、徐晃、庞德、满宠及此时尚未赶来的张辽等六人，均属曹魏方面一流将帅。曹仁为曹氏家族中第一大将，曾先后与马超、周瑜对敌；于禁是曹操麾下异姓大将"五子良将"之一，在官渡之战中一战成名；徐晃、张辽同为"五子良将"，徐晃在曹操出兵击溃马超的战役中立下大功。庞德为西凉猛将，成名很早，其勇武与马超在伯仲之间；满宠曾以少量兵力智退孙权大军。曹魏方面还有一流的谋士，如司马懿。而关羽仍以寡击众，杀庞德，擒于禁，击退曹军。

孙吴方面，阴谋的策划者集中了东吴最高层的智囊人物：孙权、吕蒙、陆逊、虞翻、吕范。孙吴政权倾尽全力，兵分三路西进。

蜀汉方面，关羽既无援军，后来又无救兵，最后功败垂成。但他的忠诚、勇敢，一直为历代世人感念。唐代起，关羽配享国家武庙，主祀并不是他，而是姜子牙。从北宋开始，关羽的地位越来越高，成王成圣成帝成神，历代帝王对他的封号一直达到88字之多。

到明清时期，关羽几乎为全民所敬拜。名著《红楼梦》中，也提到关羽。语出第五十一回李纨之口：

"那年上京的时节，单是关夫子的坟，倒见了三四处。关夫子一生的事业皆是有据的，如何又有许多的坟？自然是后来人敬爱他生前为人，只怕从那爱敬上穿凿出来，也是有的。"

"午夜何人能秉烛，九州无处不焚香。"很难想象，一直到二十世纪初，中国大地上几乎每一个村庄哪怕最偏远处，也都建有关帝庙。关帝崇拜也辐射到亚洲各地及其他一些地域。在日本、韩国、东南亚、俄罗斯远东乃至南非，都建有关帝庙。在历史演变中，由军神又化身为财神。

据不完全统计，世界上共有六十多个国家和地区建有关庙 4 万余座。关帝，几乎已成为全世界华人的文化符号。

在北美，早年有位美国人从《三国演义》中整理出关羽的故事，节译成书名为《战神》；后来美国汉学家摩斯·罗伯斯（Moss Roberts）翻译《三国演义》，英文全译本将名字译作 *Romance of the Three Kingdoms*，即"三个王国之间的罗曼史"。现在《三国演义》也有一些译本直接叫 *Three Kingdoms*（三个王国 / 三国）。

一位敬奉关羽的意大利裔美国人这样说：

"我供奉中国关公，是因为他讲义气，不欺诈，能帮助别人，具有同情心。他讲诚信，而我们从事的各种事情都离不开诚信。诚信、仁义和博爱，是我们事业成功的根本。"

链接：历史上的关羽故事

唐代已出现关羽战蚩尤的故事。唐笔记小说里提到，唐朝名将李晟驻守河东时，曾应关羽魂魄所请，出兵助关羽大战蚩尤。李晟绰号"万人敌"，在安史之乱后多次对唐王室扮演了"拯救者"的角色。著名的"雪夜入蔡州"，说的便是李晟的儿子李愬。

宋朝时在娱乐场所瓦舍，出现了"说三分"，即专讲三国故事的说书曲艺，其中关羽故事为主要部分。这些民间的艺术形式，对推动关羽崇拜有着举足轻重的影响。

元代，《三国志平话》出现，关汉卿的剧本《关大王独赴单刀会》问世。整个元代杂剧中，以三国戏为内容的约六十多种，以关羽为主角的有十多种，如《虎牢关三战吕布》《关云长千里独行》《双赴梦》《刘关张桃园三结义》《单刀劈四寇》等。

明初文人罗贯中更是综合了民间俗文学的内容及史书《三国志》内容，撰成长篇历史小说《三国演义》，将民间的"关羽崇拜"推向极致。在罗贯中笔下，关羽成为"义绝"和千古第一将。后世的鲁迅在评点《三国演义》时也说："惟于关羽，特多好语，义勇之概，时时如见矣。"

　　《三国演义》，全名《三国志通俗演义》。作者罗贯中不会想到，他在完成此书的身后所获得的巨大声誉。他的身世、籍贯、生卒年月，乃至于《三国演义》的成书时间，都像他写下的关羽一样，成为六百年来众说纷纭、争议不休的谜。关于《三国演义》成书时间，有早在宋朝时就成书的说法，有晚在明朝中期才成书的说法；关于罗贯中的籍贯，有浙江杭州人、山东东平人、山西太原人、江西吉安人等说法。

　　鲁迅先生在 1924 年所写的讲稿《中国小说的历史的变迁》中认为，罗贯中的名字叫罗本，是浙江钱塘人，大约生活在元末明初。然而二十世纪二十年代末三十年代初，郑振铎等三人在宁波天一阁发现《录鬼簿续编》，其中明确记载罗贯中是太原人，此书作者是罗贯中的"忘年交"，故可信度很高。鲁迅先生后来也承认："自《录鬼簿续编》出，则罗贯中之谜，为昔所聚讼者，遂亦冰解……"关于罗贯中籍贯的其他说法均缺乏有力根据，因此目前学术界一般认为，罗贯中是山西太原清徐人或山西祁县人，《三国演义》成书于元末明初。

歌诗之地

◎山西诗人，撑起半部全唐诗

　　若说中国古典文学不可逾越的高峰，则唐诗当之无愧。一个胸怀广阔、包容万物的朝代，孕育了饱满、自信而具艺术张力的诗歌，即所谓"盛唐气象"。在历史上，唐诗对周边国家产生了深刻而久远的审美影响。在现当代，唐诗更为世界文坛的许多著名诗人所喜爱，人们纷纷从中汲取文学营养。唐诗对欧美意象派的诗歌流派也产生了重要影响，现代诗歌大师庞德更是改写了一些唐诗。

　　一部《全唐诗》，录有山西籍诗人100多人，作品共5000多首，约占《全唐诗》总篇数的十分之一。从诗歌地理来看，唐朝山西籍诗人大多集中在山西中部的太原、晋中地区和山西南部的运城地区。

　　绛州龙门（今山西运城）诗人王绩，作品一扫六朝余习，开启新的时代。到晚唐，又有河中虞乡（今山西永济）诗人司空图著《二十四诗品》，对唐诗做了系统性的总结。

鹳雀楼 ▲

　　唐诗发展的各个历史时期，都有具有引领性的山西诗人。政治人物中的李世民、武则天也都是有诗传世的。

　　有神童之誉的王勃，是王绩的孙辈。王勃是"初唐四杰"之一，"四杰"的诗作一改六朝宫体诗为主的诗歌风尚，文学史多引杜诗对四杰的称誉"不废江河万古流"为盖棺定论。

　　盛唐时期，山西籍诗人层出不穷。尤其唐诗中的"太原四王"，更是将唐诗的艺术成就推向顶峰。"四王"分别是："诗家酒仙"王翰、"诗家天子"王昌龄、"诗家佛子"王维和"诗家魁首"王之涣。

　　"葡萄美酒夜光杯"——王翰，第一个开边塞诗之劲风。王昌龄，又称"七绝圣手"，以七绝独步诗坛。王之涣，其五言绝句《登鹳雀楼》，被称为"唐诗五言绝句的压轴之作"。

有一个"旗亭画壁"的故事，说诗人高适、王昌龄、王之涣三人赌诗，赌歌女所唱谁的作品多。第一个出场的，唱王昌龄诗，第二个唱高适，第三个又唱王昌龄的。大家都看王之涣，王之涣却从容地说："第四个歌女最美，她唱的一定是我的作品。"果然那歌女一张口，便是王之涣的《凉州词》。

盛唐的太原四王中，王维是诗名最盛、存世最多、历史影响最大的。他出生在河东蒲州（今山西省永济市一带）。王维也是艺术修为最全面的一个。他精通音乐、绘画，并开文人山水画之风。

"太原四王"中，王昌龄交游最广，李白、杜甫、岑参、高适、王维、王之涣、李颀、孟浩然等皆为其好友。在《全唐诗》中，收录了不少当时一流大家为王昌龄壮行的作品。安史之乱后不久，王昌龄为亳州刺史闾丘晓杀害，文人出身的河南节度使张镐，捕杀闾丘晓，为王昌龄报仇。

中唐时期，"大历十才子"中有三个山西人，其中以卢纶最著名。白居易、柳宗元代表了中唐时期唐文学的高峰。白居易的《琵琶行》《长恨歌》名动天下，其作品在当时和后来的影响都极大。白居易的文学理论"文章合为时而著，歌诗合为事而作"，于今也有宝贵的借鉴意义。

晚唐，有太原诗人温庭筠。温庭筠貌丑，才思敏捷，当时人称"温八叉"。他为大唐留下最后的挽歌，也为五代两宋开启了一个侧词艳曲的新时代。到明清时候，江南人家户户读温词、人人拜温公。苏州文人郑燮，索性因温诗"人迹板桥霜"句改名郑板桥，传为佳话。相传，当时江南有民俗，大户人家若不想生孩子，就在墙头挂温庭筠像。因为温庭筠长相若钟馗，驱鬼不能复生。他才气太夺人，早早就夺走想复生的鬼魂。

链接：王维轶事

王维祖籍并州祁县（今山西省祁县一带），成名很早。除诗歌、绘画才能之外，他的音乐才能也值得称道。传说一曲琵琶曲《郁轮袍》，曾令当时的玉真公主痴迷不已，要跟他学习音乐。

王维是个有深度洁癖的人，不能容忍地上有一点儿灰尘，每天要扫十几次，家里有两个仆人专门扎扫帚，有时还供应不上。

大唐北都

◎唐风晋韵，锦绣太原

　　山西省会太原，古称晋阳、并州。在魏晋南北朝时作为军事重镇，常为"霸府"。比如北齐，国都设在邺城，历代君主却经常驻守在太原，在太原办公。但所有的历史时期，太原在唐代最为著名。

　　"天王三京，北都居一。"在唐代，太原成为与长安、洛阳齐名的国际大都市，号称北都。名将李绩镇守太原16年，那时候晋水浩大，完全当得起那副悬于晋祠的名联："似岳阳不少水，比黄鹤又多山"。而太原东城地多咸卤，井水苦涩不能饮用。李绩便在晋祠的晋水之源引水，架桥过汾河注入城内，当时称作晋渠。安史之乱后，另一位大唐名将马燧出镇太原，再次引难老泉水，架汾而过注入城东，积以为池。那时候的大唐北都太原，"萦村水逼乡，巷市接飞梁"，俨然一座水上城市。在清晨或者黄昏，前来汲水的少女或妇人偶尔不慎，会将手上的玉镯滑落，他们惊慌地望着手镯跌入水中，在水面溅起一两朵细碎的小浪花。

"昔乘匹马去，今驱万乘来。"贞观十九年（645 年），太宗亲征高丽返回，到达太原，在太原过了一个春节。次年正月二十六日，这位建立不世功业的伟大帝王，率领群臣游玩晋祠。当年他与父亲在晋祠祈雨，粉碎了一个性命攸关的阴谋，在这里誓师祭拜唐叔虞求神灵佑护然后起兵。如今他故地重游，往事历历如昨，难老泉水依旧淙淙。他欣然命笔，树碑制文，亲书之名，写出了名篇《晋祠之铭并序》。

李世民随行的嫔妃中，有没有才人武则天？或许她当时恰在其中。这心机莫测的女人将一切看在眼里，没有人知道她会想什么；此时她青春怒发、光耀照人的面庞迷惑了所有

晋祠侍女像 ▲

人。多年以后她母仪天下，偕同丈夫唐高宗李治旧地重游，在晋祠她也许会回想起当年。

开元十一年（723年）正月，开创盛世的唐玄宗李隆基来到太原。他一定去游玩了晋祠，去看了看他的祖先曾在那里做过的事。玄宗或许曾站在曾祖父留下的《晋祠之铭并序》前沉思，那分明是一篇留给后世帝王们的政治教科书；他的祖母武则天或许也曾站在这里沉思，他们会沉思些什么呢？

大唐王朝过于盛大，还要说到那些诗人，李白、白居易，或者还有猎奇的段成式。段成式在《酉阳杂俎》中曾述及太原晋祠风物，白居易为开龙泉晋水二池曾写下诗歌，他自己喜欢自称"太原白公"。在离晋祠不远处的晋源东街，有一座规模不大的文庙，过去的大殿里除孔子外，还供奉身着唐代官服、须发短小、面目清秀而白皙的官吏，这个官吏就是白居易。

开元二十三年（735年），李白应元演之邀来到太原，一待就是半年，期间与好友频频游玩晋祠，写下远鄙之地很快争相传诵的诗歌。多年后，回忆起并州之行，李白又写下"时时出向城西曲，晋祠流水如碧玉"。他

晋祠圣母殿塑像 ▲

写到晋祠碧玉般的流水，写到乘舟弄水，在船上鼓瑟弄箫，那船想必一定很大，那水想必一定不小；他写到晋祠流水荡漾起的龙鳞般微波，以及在水中飘摇的莎草，写到曲终人散时的怅然若失。

链接：晋祠

关于晋祠最早的记载，是北魏时郦道元的《水经注》，以及稍后几十年的《魏书·地形志》。

晋祠 ▲

　　郦道元去世五年之后，即公元 532 年，北魏高欢在晋阳建立大丞相府。我们可以想象，凶猛沉着的一代枭雄高欢如何在车马如龙的晋祠赏玩，他的背后紧跟着他的心腹大将斛律金。有时候相随高欢的，是其爱妻娄昭君。很多年前，他在城头服劳役时为出身名门的娄昭君一见倾心，娄昭君遣丫鬟将私房钱送给他作为聘礼。她曾在他微贱时为他购马助其从军，亲自点燃马粪做饭，为他缝制靴子。多年后她主动让出正位，令五十岁的高欢得娶柔然国公主，以瓦解敌国与柔然国的军事联盟，一代霸主高欢感激涕零，向爱妻下跪谢她的恩情。也许就是在晋祠游玩时，娄昭君看出了高欢忧郁神情后的心事，主动询问并在得知原因后提出关于柔然公主的事。

　　高欢将晋祠的唐叔虞祠修葺一新，征召名士祖鸿勋作《晋祠记》，赞美晋祠的山光水色和亭台楼阁。晋祠之名，从此大著于世。

大槐为根

◎若问我家在何处，祖籍洪洞大槐树

　　史上大规模的移民有很多次。秦始皇时代，秦太子扶苏与大将蒙恬北击匈奴，屯边修城，士卒征夫长年生活在边疆，可以算得上是史载中最早的移民。西汉时候，汉高祖、汉文帝都曾下令由官方主持，进行少量移民。到汉武帝刘彻时，在西域设张掖、酒泉郡，向河西走廊移民六十万人。汉武帝还曾强令长安众多富户迁至茂陵皇陵，司马迁记载过的侠士郭解，当时亦属被迁之列。在唐朝时，移民活动也较多，屯垦遍布全国各地，边疆尤甚。即便同样在明代，除大槐树移民以外的移民事件也有不少，如朱元璋曾令江浙一带无数富户迁往他的老家凤阳，以及当时的京师南京。

　　在近现代，也有大规模的移民事件，或因战争不得已流亡，或出于政治因素。二十世纪三十年代，当东北三省沦陷，有不计其数不甘受奴役的人们流落关内，散落全国各地。在抗日战争的艰难时期，不可胜数的人们自全国四面八方涌向西南大后方。

但是，在古往今来所有的移民中，没有一起事件，其规模之大、其影响之远，可以与明初洪洞大槐树移民相提并论。

元末明初，惨烈的兵祸和接连不断的天灾导致人口锐减，以致许多地方村庄城邑皆成荒墟，这是移民的直接原因。人口连年锐减，以致元朝官府不得不降低一些地区的行政级别，如将徐州路改为武安州。

天灾如此，兵祸尤甚。当朱元璋手下大将缪大亨攻克扬州时，这座千古以繁华著称的名城，居民仅剩下十八家。明朝洪武年间，先后有多个州降为县，多个县因人口稀少并入他县。

与全国其他地区相比，晋地所受自然灾害较少。加之地理环境闭塞，四方大山环绕，境内山河纵横，亦少为兵灾祸及。晋地大多数地区社会发展相对稳定，人丁兴盛。早在宋朝时，晋地便因土地严重匮乏，百姓在丧葬时连入土为安的古训都不得已放弃。而在元末明初，邻省难民为避祸大量涌入，更使原本地狭人众的晋地人口暴增。

如此稠密的人口积聚晋地，以平阳府称最。平阳府又以洪洞县人口最多，洪洞县又地处南北交通要道。

明朝官府的移民机构设在洪洞县城北贾村驿站旁的广济寺。寺门前的一株大槐树前，涌来一批一批迁移的人们。大槐树将必然地在他们眼里一点一点消失。它是人们远离故土不断回望时，眼里最后消失的事物。它蕴含着悲切的心情，在记忆里、梦里，在对后人的讲述中，将变得无比盛大。

移民经历了漫长的过程，大约始于洪武三年（1370年），到永乐十五年（1417年），方才大致结束。跨越了三朝约50年的时间，移民十多次，移民姓氏五百多个，今人安介生所著《山西移民史》一书称，累积移民近百万人。

大槐树寻根祭祖园 ▲

被移民的对象，并非限于洪洞县。洪洞只是移民的集散地而已。虽然如此，但移民者以包括洪洞的平阳府各县为主，却是不争事实。被移之民以晋南居民最多，其次是晋东南、晋中数县。

50年、近百万人的滞缓迁徙，无疑是一个非常悲壮的历史事件。这些被强迫移民的晋人扶老携幼，在军队的押解之下，经过长途跋涉，去往全国各地。

50年里，大槐树又粗壮了许多，只是它的粗壮，最先移民者已经望不到了，大槐树在他们的记忆里永远成了那个样子。他们在移民地的庭院里所植的槐树，也早已成为森然大木。50年的四季里，洪洞的大槐树一次又一次在无数双眼睛的远眺中消失。它或者正在树花盛开，它的芳香在春风里散发得极远，远去的人们捕捉着，在远离故土的幻觉中仍然捕捉着它的芳香，那是故土最后的气息；它或者枝叶披离，那些繁茂的、细小的、几近透明的叶片在夏风中微波一样展开，那是故土最后的生动；它或者在秋风中金黄的叶片如急雨般飘落，遮住了人们婆娑的泪眼；又或者在铅黑的苍穹中伸展黑色的强劲枝丫，在大风中树枝发出金属般的撞击声，那是人们听到的最后的故土的声音。不，还有筑巢其上的老鹳，它们的叫声道出了人们内心的凄凉。

时间是强大的。它将人们当年内心真实而强烈的悲恸彻底而无声息地消灭。只有一些或真或假的传说，如右脚小拇指盖，如解手。在无数的家谱记载中，仅仅留有简约的一行字：祖籍洪洞大槐树。

简洁的七个汉字，蕴藏了太多的深情、太多的隐忍的思念。

还有一句通俗的唱词："若问我家在何处，祖籍洪洞大槐树。"

六百年过去了，自称祖籍洪洞大槐树的人们遍及全国乃至全世界。洪洞和大槐树的名字也因此世界知名。整个中国乃至世界各地的华人，有多少人的祖先要追溯到大槐树？换言之，多少华人的祖先要追溯到山西，追溯到山西人？

链接："解手"的来历

传说在押解移民前往移民地时，人们一会儿要拉、一会儿要撒，押解的士兵都得给他们把手上的绳子解开，方便完毕又绑上。开始，每个人要方便时，都得一字一句地跟士兵说，后来干脆喊"解手"。于是，这个移民过程中"拉、撒"的代名词，便一直沿袭到现在。

独立不惧

◎山西重要文脉、明末大儒傅山

傅山（1607 年 –1684 年），又名真山，字青主，号"石道人""朱衣道人"，是太原阳曲人，著有《霜红龛集》。崇祯九年（1636 年），傅山在北京城的街道上疾走，他二十九岁的面庞溢满悲愤。他的身后，跟随着一百余名书生。

他早于康有为，发起了这场类于"公车上书"的运动。他向朝廷呈上一百零三位山西学子签名的诉状，为被奸人诬陷逮捕于狱中的山西提学袁继咸鸣冤。学子们很快就需要避开行人，因东厂和锦衣卫已接到请求捉拿他们的报告。他们在京师刻印了名为《辩诬公揭》的揭帖，四处张贴，他们在早朝途中包围官轿请愿。

这一场运动历时半年多，袁继咸的冤情终于得以昭雪，官职恢复；诬陷者被流放边疆，诬陷者的后台、把持朝政多年的大臣被罢黜归家。

这是傅山以一个鸣不平者的姿态首次为世人瞩目，多年以后，袁继咸被清廷押解至北京囚禁。萌生死志的袁继咸在料理后事的悲凉情怀中，眼前不断浮现当年他在囚车的栅栏缝隙间看到的那人，那个表情沉着坚毅的年轻人。他写信请傅山为他收藏整理诗集，说："山西学人惟你知我颇深，我盖棺之日，断不令你因有我这朋友而蒙羞。"傅山接到他信时，袁继咸已慷慨赴难。这一年是1646年，傅山，一个近四十岁的男人哭声中的沉痛，非此刻笔墨可以承载，他张大了嘴，没有声音发出，泪大滴大滴在信纸上溅落和晕开。

那些年世事翻覆不定，而我们记下傅山所做的事。他匆匆炮制以陕西百姓名义指责农民军残暴的帖子，草就"马在门内难行走，今年又是弼马温"的谶谣隐射李自成。这些用来安定太原民心的帖子墨迹未干，李自成的大军已逼近太原城下。他还没有来得及返回太原，李自成义军已经攻入北京，建立大顺王朝。时局瞬间变幻，又两个月后，即

傅山塑像 ▲

1644 年 6 月，清兵攻入北京，清朝摄政王多尔衮宣布定鼎北京城。

这是一个书生在乱世为家国天下所做的努力，他已竭尽所能。以旧时的道德衡量，他的所为已堪称楷模。时局非他所能左右，他的对手越来越强大，从所谓的乱臣贼子到异族，他将以一人之力对抗一个王朝。清朝蛮横的剃发令在袅袅秋风中推行，风吹动傅山红色的道袍，他出家，做了可以蓄发的道士，从此他将多一个称号，叫作"朱衣道人"。在绝望与期望交织的煎熬中，他甚至梦想从死亡中得到解脱。他的朋友白孕彩悄悄收养了一个明王朝后裔，但那孩子一天一天傻呆下去；他众多的师友亲人在时间的推移中内心消黯下去，接受清王朝的官职。他从愤恨到无力谴责他们。这个执拗的人，他的痛苦如此强大，他的热爱如此强大，他拼尽力量挽回，当无能为力时，他拒绝、蔑视新来临的一切事物。明王朝灭亡十年以后，这个人仍在努力，他与受南明桂王政权派遣长年活动于北方的宋谦联络频繁，而宋谦在发动反清起义前夕被捕供出傅山，这个身披红色道袍的男人被投入太原府监狱，同时入狱的还有他的弟弟傅止和自己唯一的儿子傅眉。

已转任清朝的前明官员解救了他；那些人也许曾被傅山恶言詈骂，他们也是内心一直在煎熬、在不安的一群人，其中包括曾任米脂知县、挖过李自成祖坟的太原知府边大绶。这些人在多次审讯时一致有意袒护傅山，刑部、都察院、大理寺三法司合议做出了宋谦"仇口诬扳"的结论，傅山在顺治十二年（1655 年）得以免罪释归。

这个人还要忍受更为强烈的内心冲突，对他来说也许那是无法避开、一生无法回想的耻辱。1678 年，清朝康熙皇帝开设"博学鸿词科"，要下级官员推荐博学之士，他亲自主考录用。被钦点的傅山被强行抬进京城，他拒绝应试，却仍被康熙破例免考，授予"中书舍人"。受命后应该到午门叩头谢恩，他拒绝前往，仍被强行抬去。他回到太原家中枯槁而坐时，前来祝贺的官员士绅，无一不从他沮丧的脸上，望见他颓然的内心。至此，无以排遣的悲哀淹没了这个人。

我们还要说一说他的情感，说到他内心的那些疼痛。傅山幼年时父亲故去，一个无忧无虑、正处在痴迷于游戏年龄的小男孩就此黯然下去，偶尔他看其他小朋友喊自己的父亲，他的嘴唇翕动，但爹爹一词，从此永不能从他嘴中叫出。他二十七岁时，妻子张静君遗下五岁的儿子傅眉后死去，她的眼睛合上，仍然青春的面容纸一般透明，傅山在一生中会不断地想到这一幕，这是爱妻最后留在他心中的形象。从此他一生未再娶妻。

五十余岁时，傅山深爱的母亲以及弟弟傅止相继去世。命运在这个人的心头再次发出沉重一击。他视同己出的侄儿傅仁不久后故去，他出外游历常由傅仁随行侍奉，而此后他喊那个名字，再无人应。傅山七十七岁时，儿子傅眉郁郁而终，这是他唯一的孩子，精于骑射，擅使铁枪，喜好兵法，诗画俱佳。傅山与清王朝抗拒的人生立场，致使儿子一生与科举无缘。儿子逝去五个月后，这煎熬一生的老人泪水干涸，他的眼睛永远闭上。

而我们还要说说他的博学。一个人怎么可以在短暂一生中，穷究并精通那么多的学问？他博览群书，除经、史、子、集外，佛经、道经也精心览读。他通晓经学、儒学、诗词、书、画、金石、考据，与顾炎武、黄宗羲、王夫之等人被后人称为"清初六大宗师"，与傅山齐名的顾炎武，却将傅山列为自己的十位老师之一。傅山因高超的书法成就被时人尊为"清初第一写家"，其画被列为逸品。他的学问一反清初一般学者以经学为中心的研究范围，独辟研究子学的途径，冲破宋明以来重理的羁绊，成为清之后研治诸子的开山鼻祖。

他却又并非雕虫式的老学究，在青年时期的求学生涯中曾著《性史》。他医道高明，在内科、妇科、儿科、外科均有成就，而尤以妇科为最，著有医书《傅青主女科》《青囊秘诀》。

他还是一位武术家，写过名为《傅拳谱》的武功秘籍，1985 年此书面世——在武术挖掘整理中由蔡承烈捐献出《傅拳谱》手抄本。1988 年经过整理更名为《傅山拳法》公开出版。傅山甚至还是一位美食家，创出"头脑"，相传那是他为母亲配制的滋补食品"八珍汤"，后来他将配方交给太原南仓街的朵家经营，并为其取了"清和元"的字号，亲笔题写了牌匾。据说著名的竹叶青美酒，也系傅山亲手调制而成。

链接：傅山书法

标举真率，反对奴俗，可谓傅山一生思想、艺术、治学的精神内核，斥俗倡真，具有非凡的时代意义。

傅山认为，只有独立思考，尊重个性，不拘成见，才是思想、艺术乃至一切社会发展的前提保证，这种精神贯彻于书法创作中时，便同样表现为张扬个性、独立骨鲠的艺术精神。

傅山曾在《家训》中就书法问题告诫儿孙："字亦何与人事，政复恐其带奴俗气。若得无奴俗气，乃可与论风期日上耳。不惟字。"

白银为谷

◎晋商纵横，汇通天下

西方文明是商业文明，其核心是契约精神，即守信。晋商，可以说古代最接近现代意识的群体之一。

晋商五百年纵横亚欧，一直到近现代史，山西人都有善于经营的名声。

早期的晋商，可以追溯到战国时代的猗顿，他是当时的魏国猗地（今山西省临猗县一带）人，以手工业、畜牧业、盐业成为巨富，与富可敌国的陶朱公范蠡齐名。

在隋末，资助李渊起兵的武士彟，则是一位木材商人。他正是武则天的父亲。

晋商群体正式的崛起始于明代，当时朝廷需运粮到边疆解决军需，紧邻边疆的晋商抓住机遇，迅速发展成涉足丝绸、茶叶、人参、铁、煤等民生百业，分号遍布全国的大型商帮。到了清朝，顺治皇帝甚至在宫廷宴请八大晋商：乔家、常家、曹家、侯家、渠家、亢家、范家、孔家。传说当时晋商富可敌国。

晋商多集中于太谷、祁县、平遥一带，有"金太谷、银祁县、铜平遥"之说，几乎掌控了当时整个中国的金融业。

大约 300 年前，晋商开拓了一条万里茶道，这是"丝绸之路"中断之后，亚欧大陆兴起的又一条国际贸易大动脉。

从南方产茶区闽赣鄂，经汉水、洛阳、太行山、太原、呼和浩特，穿越蒙古高原，最终抵达俄国西伯利亚、莫斯科和圣彼得堡。在大约两百年的中俄茶叶战争中，清朝曾凭借"关闭口岸"迫使俄方让步，晋商群体仅凭中间商身份，就从对俄茶叶贸易中赚取了上亿两白银。据记载，从张家口到库伦的张库商道上，由中国出口到俄国的茶叶 1750 年为 1.3 万普特（每普特约为 16.38 千克），1810 年增加到 5.7 万普特。

茶叶的行程并不仅限于俄国。法国文豪巴尔扎克曾有记录，他同一位俄国贵妇交好，同俄国公使来往频繁，使他多次得到"产自中国某些行省的上佳贡茶"。想象一下很有意思：世人耳熟能详的名著《欧也妮·葛朗台》，或许就是巴尔扎克喝着晋商的茶叶写就的。

1844 年，贸易重镇恰克图有几千名晋商，近百家店铺。

现今，仍可以从气势恢宏的平遥古城、王家大院、乔家大院、曹家大院等建筑，想见晋商当时的辉煌。但曹家的后人曹益安说："若是八十年前，曹家大院三天三夜也逛不完。"曹家最盛时在大江南北设分号 640 处，在日本、俄国、法国、英国设立据点，雇员高达 37000 人。八国联军入侵、慈禧仓皇西逃时经过山西，曾向曹家借款，留下一件原产法国的"金火车头钟"作为凭证，现今仍存。

晋商雷履泰首创票号日升昌，共创利 1500 万两白银，在当时是一笔巨额财富。当时的民谚说："家有万贯财，不如票号当个差。"一个文牍先生在票号里一年可挣到 200 到 500 两白银的工资，因此当时还有俗语称："生子有才可经商，不羡七品空堂皇。"

日升昌"汇通天下"匾额 ▲

晋商多有义举。国家西北有难，左宗棠慨然以逾花甲之年出征，军费缺乏，乔家为之筹措军资数百万两白银。

　　由晋商的商路开拓，派生出许多文化现象。晋商在全国各地的会所乃至国外欧亚地区，多建关帝庙，推动了"关帝崇拜"。晋商为了解决货物贩运和资金运输的困难，选择民间武术组织作为其安全保障，催生了镖局。中国史上第一家镖局兴隆镖局，为山西人神拳张黑五所创，传说他是乾隆的武术师傅之一。

　　晋商成功的秘密何在？中国首任驻英公使，晚清郭嵩焘评价得好：中国商贾夙称山陕，山陕人之智术不能望江浙，其推算不能及江西湖广，而世守商贾之业，唯心朴而心实也。

　　心朴，故能守信，具契约精神；心实，不行欺诈，能得信任，故能长远。这正是晋商得以成功的要义所在。

链接：常家灾年搭戏台

　　公元1877年，在中国历史上是光绪三年。山西、陕西、河南等省遭受了严重旱灾，其中山西是灾情最严重的地方。

　　发生这样严重的灾情，商人当然也不可幸免，众多晋商家族中，常氏家族的损失尤为严重。当时支撑常家家业的主要生意是与俄罗斯商人进行的茶叶贸易，大量的茶叶从江南产茶区运往中俄边境。大灾之年粮食绝收，连人都要以树皮、草根果腹，平日里依靠大批牲畜充当运输工具的队伍，这时是无论如何也组织不起来了。

由于商路断绝，过去晋商每年向俄罗斯输出的茶叶量锐减。为了不坐以待毙，常家曾想出各种办法来渡过难关，包括省吃俭用，缩减开销。但与此同时，令人不解的是，常氏家族在这个紧要关头对外宣称，拿出三万两银子在家族祠堂中修建戏台。

这不是在困苦中摆阔气，而是要用戏台作为借口，向本村和邻村的乡亲变相赈灾。也就是说，我常氏家族要盖房，要乡亲帮忙，只要乡民能搬动一块砖头，就给饭吃。赈灾也不落一个施舍的名。

常氏家族把自己的善良举动，用修造戏台这样的借口掩盖起来。而掩盖乐善好施的真正目的，是要让那些得以救助的人能留有自尊地咽下通过辛苦劳动换来的一餐一饭。

血火征程

文瀛畔百年学堂，三晋地

革命老区。太原首义，烽火传奇，

颂英雄先驱，焕勃勃生机……

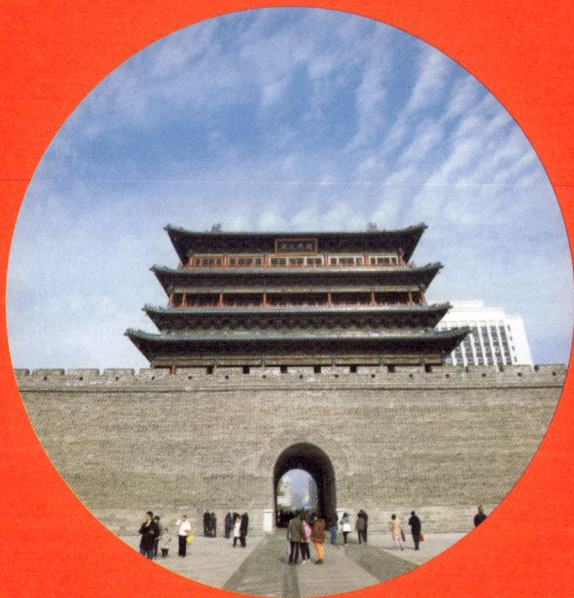

山西大学堂

◎中国现代教育的一面旗帜

　　山西是较早创办高等教育的省份。

　　山西大学的前身叫山西大学堂，它创办于 1902 年，是与北京大学的前身京师大学堂、天津大学的前身北洋大学堂齐名的三所大学堂之一。

　　1870 年李提摩太来到中国，先后在山东烟台和青州传教，并在山西赈灾。1901 年 5 月李提摩太由上海到达北京，拟定《上李傅相办理山西教案章程七条》，其中一条提出由山西出银五十万两，兴办中西大学堂。李鸿章当即表示赞同。

　　1901 年 9 月，山西巡抚岑春煊将并州的晋阳书院和令德堂书院合并，筹办成立山西大学堂。1902 年 5 月 8 日，山西大学堂正式宣告成立。李提摩太到晋后建议将中西大学堂并入山西大学堂。经官绅详细讨论，多数赞成合并。1902 年 6 月 7 日，岑春煊拟定《关于中西大学堂并入山西大学堂改为西学专斋的合同》。6 月 10 日，合同得到清政府批准。由此，山西大学堂原设部分改为中学专斋与并入的西学专斋共同组成了新的山西大学堂。中、西两斋各设总理一名，主持大学堂日常校务。两斋教务分离，总理之下设有总教习管理教务。

山西大学堂成立之初，中学专斋课程只有经、史、政、艺四科，西学专斋设有英文、算学、物理、化学、博物、世界史、中外地理等课，没有国文。1904年，中学专斋仿照西学专斋办法，增加了英、日、法、俄等国语言和数学、物理、化学、地理、博物、图画、体操等新课程。两斋学生学习科目渐趋一致，也为后来山西大学办成综合性大学奠定了基础。

山西大学堂的建立，为中国现代教育的发展做出了重要贡献。为了解决教学所需教材和适应当时全国兴办学堂的要求，李提摩太于1902年在上海成立山西大学堂译书院，先后翻译和出版了数十种教学用书和西方名著。其中《迈尔通史》《最新天文图志》《最新地文图志》《川界商业史》等，在当时产生了很大的影响。

在山西大学堂的影响和带动下，山西又相继创办了一批高等学堂，比如山西农林学堂、山西师范学堂、山西法政学堂、山西中等实业学堂、山西医学堂、山西警务学堂等，开启了山西近代高等教育的办学热潮。

山西大学堂中西合璧的办学模式和中西会通的办学精神也直接影响到中国近代高等教育学制的改革。作为中国现代教育的一面旗帜，山西大学堂较早引进和传播西方文化，点燃了中国现代文明之火。

链接：山西大学

　　山西大学是中国办学历史最悠久的高等学府之一，是国家"双一流"建设高校，是教育部和山西省人民政府共同建设的部省合建大学。学校的前身是创建于1902年的山西大学堂，学校创办的山西大学堂译书院，是中国近代大学创办的第二所译书院。学校现有19个一级学科博士学位授权点，35个一级学科硕士学位授权点，24个硕士专业学位种类，14个博士后流动站。设有本科专业87个，涵盖文、史、哲、理、工、经、管、法、教、艺等10大学科门类。现有全日制本科生24155人、全日制硕士研究生7366人、非全日制硕士研究生1550人，全日制博士研究生977人。现有教职工3265人，专任教师2083人，高级职称教师1228人。山西大学目前拥有坞城校区、东山校区、大东关校区等三个校区，总占地面积3008亩，建筑面积116.64万平方米。学校现有教学、科研仪器设备资产总值13.56亿元，本科教学实验仪器设备达到21259台（套）。学校图书馆是全国古籍重点保护单位，馆藏图书230万册，电子期刊110万册。（2022年山西大学官方网站信息）

正太铁路

◎山西第一条现代交通线

近代以来，山西兴建的第一条铁路叫正太铁路。

早在 1896 年，山西巡抚胡聘之就以省内煤铁储量丰富为凭，向清政府提出修建卢汉铁路支路的建议，但因为资金困难等原因，工程迟迟未能上马。

1902 年 10 月 15 日，盛宣怀经清廷允准后在上海与华俄银行签订《正太铁路借款合同》及《行车合同》。经过勘察

正太铁路 ▲

发现，沿线山多路险，铺设宽轨工程巨大，所筹经费远远不够，便决定改为窄轨铺设。

1904 年正太铁路正式开工。经过三年多的艰难施工，1907 年正太铁路建成通车，成为山西境内第一条铁路。

正太铁路全长约 243 公里，东起石家庄，西至太原，共设立 35 个车站。

正太铁路的建成将内地的山西与沿海的直隶紧密地联系起来，使山西丰富的铁、煤等资源有了快捷的外运通道，也让省外的现代工业产品能方便地输入封闭的山西地区。正太铁路的建成通车，极大地推动了山西乃至华北现代交通的发展。

1909 年山西境内的另一条铁路京绥铁路张绥段也开始动工。京绥铁路东起北京，西至包头，横贯河北、山西两省北部，是近代山西联系外部的第二条铁路主干线。这段铁路历经 16 年的建设，直至 1921 年才完工。该段铁路途经山西北部的天镇、阳高、大同等地，对山西北部的经济发展起到了极大的推动作用。

山西的第三条铁路是同蒲铁路。同蒲铁路北起山西大同，南至运城的蒲州镇，继而在风陵渡过黄河，在华山站接入陇海铁路。同蒲铁路全长八百多公里，以太原为界，分为北同蒲铁路和南同蒲铁路。

1905 年山西就成立了同蒲铁路公司，1911 年 2 月 ~9 月，同蒲铁路公司完成榆次至太谷间路基 35 公里，榆次到北要

村间铺轨 7.5 公里。同蒲铁路公司仅修建了榆次到太谷的 35
公里路基，铺设了 8 公里长的铁轨。

阎锡山主政山西后，同蒲铁路再次开工。山西设立晋绥
兵工筑路总指挥部，阎锡山亲任总指挥。

1933 年 5 月南同蒲铁路开工建设，1935 年 12 月竣工，
全长 480 公里。北同蒲铁路 1933 年 11 月开工，1937 年竣工，
全长 349 公里。这条铁路开始是窄轨，后改为宽轨，是山西
境内纵贯南北的一条主要铁路运输线。

链接：《山西省推进交通强国建设行动计划（2021—2022 年）》

2020 年 12 月 9 日，山西省人民政府印发《山西省推进交
通强国建设行动计划（2021—2022 年）》，文件指出，到 2022
年，全省高速铁路里程达到 1100 公里，高速公路突破 6000 公
里，黄河、长城、太行 3 个一号旅游公路主体区规划项目全面
建成，基本实现市市通高铁动车、县县通高速公路、景区联网
通畅、省际多路通达。

太原首义

◎辛亥革命中的"南响北应"

　　1911年10月10日，武昌起义爆发，革命党人打响了推翻清王朝统治的第一枪。10月29日，山西的革命党人立即响应武昌起义，在太原发动了起义。

　　10月29日凌晨，山西新军第八十五标两营官兵在姚以价的带领下由南城外狄村营盘起兵。由于事发突然，巡抚衙门卫队惊慌失措四散逃逸，巡抚陆钟琦中弹身亡，起义士兵很快攻占了巡抚衙门。第八十六标标统阎锡山派第二营排长陈锦文守护军装局，模范队排长张培梅等率队赶到抚署酒仙桥，右队队官王瓒绪等率队到达抚署

原首义门 ▲

东北小二府巷，将守卫抚署的巡防马队打散。在新满城，第八十五标的攻击部队受到驻防清军的顽固抵抗。阎锡山亲率第八十六标一部赶往支援。驻防清军渐渐不支，并竖起白旗投降。新满城的占领，标志太原起义成功，意味着清政府在山西的专制统治宣告结束。

之后，晋南、晋北也相继发动了起义，一时间山西成为革命党人的天下。清政府派第六镇统制吴禄贞进攻山西。吴禄贞早已秘密加入兴中会（同盟会的前身之一），并拟同阎锡山合兵一处共同进攻北京，后因吴被刺而宣告失败。随后，袁世凯又派曹锟的第三镇再攻山西。阎锡山等被迫退出太原。1912 年，南北议和达成，袁世凯就任中华民国临时大总统，

新首义门 ▼

阎锡山返回太原担任山西都督，省内秩序逐步恢复。

1912 年秋，孙中山来到山西。9 月 19 日上午，孙中山出席山西军政界在太原举行的欢迎会，会上孙中山发表了热情洋溢的演讲，对山西响应南方起义、牵制清军南下的功绩给予高度评价，称"使非山西起义，断绝南北交通，天下事未可知也"。

链接：太原首义门

首义门是太原城的城门，所在地就是今天的五一广场。首义门建于明洪武初年，当时叫太平门，后改名承恩门。咸丰年间承恩门不慎失火，后又在原址新建城门，人称新南门。新南门是仅次于迎泽门的第二大城楼，城楼雄壮，关城肃穆，瓮城森严，是太原城防的主要门户之一。1911 年 10 月 29 日山西新军第八十五标第一营、第二营 1000 余名官兵在姚以价的带领下在狄村军营发动起义。起义军首先突破此门，故辛亥革命后，承恩门改名为首义。解放战争中，首义门在炮火中受损，新中国成立初拆除，2020 年太原市又在原址上复建此门。

一片红叶寄相思

◎高君宇与石评梅

"我是宝剑，我是火花，我愿生如闪电之耀亮，我愿死如彗星之迅忽。"这首短诗是山西第一位共产党员，也是山西共产党组织的创建者高君宇先生的言志诗。

高君宇名尚德，字锡三，号君宇，1896 年 10 月 22 日出生于山西省静乐县峰岭底村（今属娄烦县）。高君宇的家境比较富裕，他的父亲除了经营田地外，还开设了油、酒、杂货等铺面，并能为村里人办些好事，深受村民们敬重。高君宇从小受父亲影响，十分同情穷苦人。

1912 年至 1916 年，高君宇就读于山西省立第一中学，并在这里阅读了《新青年》《晨报》等在全国有较大影响的进步报刊和书籍。1916 年，高君宇考入北京大学，成了李大钊先生的学生和助手。李大钊是北京大学图书馆主任兼政治学教授，是著名的爱国志士，也是中国共产党的主要创始人之一，李大钊的爱国情怀和救国思想深深影响着高君宇。

1919年5月，北京大学学生会成立，高君宇被推选为负责人。5月4日，作为组织者和指挥者之一的高君宇参加了在中国近代史上具有划时代意义的五四运动。

高君宇纪念馆 ▲

　　1920年10月，高君宇参加了北京共产主义小组，成为山西第一位共产党员。在高君宇的努力下，1921年5月1日太原社会主义青年团成立。1922年1月，高君宇作为中国共产党代表之一参加了共产国际在莫斯科举行的"远东各国共产党及民族革命团体第一次代表大会"。期间高君宇按照李大钊的指示，多次回到山西，宣传马克思主义。1924年夏，经中共北京区委批准，中共太原支部建立，这是山西最早建立的共产党组织。

高君宇还参与领导了京汉铁路工人大罢工、广州沙面工人大罢工，后根据工作需要，担任了孙中山先生的秘书。高君宇身体不太强壮，有肺病，经常咳血。1924年，高君宇陪同孙中山先生前往北京，一路上舟车劳顿，病情更为严重。1925年3月，高君宇因劳累过度，又突患急性阑尾炎，不幸在北京协和医院病逝，年仅29岁。根据高君宇生前遗愿，他被安葬在了北京陶然亭公园内。

在高君宇的墓旁还有一座墓，墓碑上面刻着"春风青冢"四个字，这就是山西著名才女石评梅之墓。石评梅是山西省平定县人，曾就读于北京女子高等师范学校，民国四大才女之一，写过大量诗歌、散文、小说。石评梅在参加一次山西同乡会时认识了才学满腹、激情澎湃的高君宇。两人经常往来，互相爱慕。一天石评梅收到一封信，信中装着一叶精致的枫叶，枫叶上题着几行工整的小字："满山秋色关不住，一片红叶寄相思。天辛采自西山碧云寺十月二十四日。""天辛"是高君宇的笔名。当时石评梅刚刚经历感情的伤害，她并没有立即接受高君宇的爱情，而是在枫叶上写了这样一句拒绝的话："枯萎的花篮不敢承受这鲜红的叶儿。"高君宇没有放弃，仍时常与石评梅交往着，并期待石评梅能慢慢接受自己的感情。高君宇在一封给石评梅的信中写道："我是有两个世界的：一个世界一切都是属于你的，我是连灵魂都永禁的俘虏；在另一个世界里，我是不属于你，更不属于我自己，我只是历史使命的走卒。"可惜的是，高君宇还没有等到与石评梅的结合，就英年早逝了。

高君宇的突然去世，让石评梅十分痛苦。石评梅在高君宇的墓碑后面写道："君宇！我无力挽住你迅忽如彗星之生命，我只有把剩下的泪流到你坟头，直到我不能来看你的时候。"此后几年石评梅写下大量思念高君宇的诗文，其中在《墓畔哀歌》中写道："假如我的眼泪真凝成一粒一粒珍珠，到如今我已替你缀织成绕你玉颈的围巾。假如我的相思真化作一颗一颗的红豆，到如今我已替你堆集成永久勿忘的爱心。"每个星期天石评梅都要去陶然亭看望高君宇。由于太过劳累，也由于太过悲伤，1928 年 9 月 30 日，年仅 26 岁的石评梅因患急性脑膜炎离开人世。遵照石评梅生前愿望，她的朋友们把她安葬在了陶然亭高君宇的墓旁。

链接：高君宇纪念馆、石评梅纪念馆

高君宇纪念馆位于太原市娄烦县峰岭底村，馆前塑立着高君宇雕像，馆中展示着高君宇的生平事迹。目前该馆已经成为全国爱国主义教育基地、全国红色旅游经典景区。

石评梅纪念展馆位于山西省阳泉市郊区义井镇小河村，二十世纪八十年代建成，2000 年扩建为评梅景区。

红军东征

◎播撒革命的种子

　　1931年9月18日，日军悍然发动"九一八"事变，侵占中国东三省，并蠢蠢欲动准备向华北进攻，中华民族遭遇空前危机。中国共产党领导的中国工农红军，经过两万五千里长征于1936年到达陕北。为了挽救民族危亡，红军决定东渡黄河，奔赴抗日前线，同时完成壮大红军力量、唤醒民众一致抗日的目标。

　　1936年2月，中华苏维埃人民共和国中央政府和西北革命军事委员会组织了中国人民红军抗日先锋军，下辖红一军团、红十五军团和红二十八军，彭德怀为总司令，毛泽东为总政治委员。1936年2月17日，中央工农民主政府和工农红军军委组织红军先锋队，联合发表东征宣言，20日夜，红军在山西中阳南三交和石楼辛关渡一带突破晋绥军的河防工事，并直捣晋西军事重镇三交镇。红军主力全部过河后，兵分三路，迅速东进，其中徐海东部直逼太原近郊。红军东征让当时山西的统治者阎锡山十分惊慌，急忙调动军队堵截红军，并请求蒋介石派兵"协剿"红军。红军与晋军、中央军进行了激烈的战斗，先后击溃了晋军30多个团，歼敌13000余人，俘虏4000余人。红军二十八军军长刘志丹等壮烈牺牲。随着战事发展，蒋介石任命陈诚为国民党军太原绥靖公署第一路总指挥，率中央军六个师入晋。面对晋军和中央军的合力围攻，红军已失去顺利作战的机遇和开赴抗日前线实现对日作战的可能，为了保存实力，4月底，红军决定撤兵。

从2月20日东征到5月5日回撤，红军东征历时75天，转战山西50多个县，帮助所到县、乡、村建立了红色政权，发展了多支地方游击队，筹款50多万元，扩充红军8000多人。红军东征不仅扩大了中国共产党在山西乃至全国的影响，宣传了中国共产党的抗日主张，重新燃起了中华儿女抗日救亡的希望之火，而且巩固了陕甘苏区，壮大了红军队伍，为日后开辟抗日根据地奠定了坚实的基础。这次东征也为在全国建立抗日民族统一战线，促成第二次国共合作和开创抗日战争新局面创造了极为有利的条件。

链接：红军东征纪念馆

　　红军东征纪念馆是经中共中央办公厅、中宣部批准建立的一座反映中国工农红军东征抗日历程的专题纪念馆，1996年建成并对外开放。纪念馆集中、全面、翔实地展示了党中央、毛泽东主席于1936年2月至5月率领中国人民红军抗日先锋军在三晋大地东征抗日的丰功伟绩。纪念馆位于山西省吕梁市石楼县，建筑面积1.1万平方米，馆内存放有大量翔实珍贵的历史文物、照片、资料，是全国重要的红色旅游景点。

红军东征纪念馆 ▲

胜利的号角

◎平型关大捷

　　1937年7月7日"卢沟桥事变"后，抗日战争全面爆发。侵华日军先后占领北平、天津，并扬言"三个月内灭亡中国"，中华民族到了生死存亡的关键时刻。中国共产党通电全国，号召全国军民团结起来，抵抗日本的侵略。此后国共两党捐弃前嫌，一致对外。中国共产党领导的中国工农红军主力改编为国民革命军第八路军，第八路军下辖的115师、120师、129师迅速东渡黄河，挺进到山西抗日前线。

　　平型关位于山西灵丘和繁峙的交界处，地势十分险要，历来为兵家必争之地。1937年9月25日，侵华日军板垣师团第21旅团后勤辎重部队进入八路军第115师在平型关设下的伏击圈。第115师将包围敌人的"口袋"紧紧扎住后，突然居高临下向敌人发起猛攻。日军虽然有飞机、大炮等现代化装备，但在沟壑纵横的平型关却失去了威力，只能在山路上被动挨打。平型关附近有一个制高点老爷庙，敌我双方反复争夺，战斗异常惨烈，老爷庙最终被我军牢牢控制在手中。经过整日激战，八路军115师最终取得平型关大捷。平型关大捷共歼敌1000余人，摧毁汽车100余辆，马车200余辆，缴获大炮1门，机枪20多挺，步枪1000余支，其他辎重无数。

平型关大捷是八路军出师抗战以来取得的第一个大胜仗，它打破了弥漫全国的"日军不可战胜"的神话，打击了日本侵略者的嚣张气焰，提高了中国共产党和八路军的威望，也增强了全国军民抗战到底的决心和信心。

链接：平型关大捷纪念馆

平型关大捷纪念馆 ▲

　　该馆位于山西省大同市灵丘县西南 30 公里处，由序厅、三个独立的主展厅、一个实物陈列厅、半景画馆、将星闪烁厅组成，二楼设有缅怀厅。半景画馆是平型关大捷纪念馆的重要组成部分，面积约 450 平方米，由半景油画、地面塑像、六台电脑和六台投影组成，通过声、光、电等现代科技和艺术手段再现了平型关大捷的整个过程。

战争奇迹

◎火烧阳明堡飞机场

1937 年 10 月 13 日，忻口战役爆发。忻口位于原平和忻州之间，是晋北通向太原的门户，也是保卫太原的最后一道防线。忻口战役爆发后敌我双方投入了二十多万兵力，是抗战初期华北战场规模最大、战况最激烈的一次战役。为配合正面战场国民党军作战，八路军先后在雁门关、阳明堡、七亘村等地打击日军。其中在阳明堡发生的火烧阳明堡飞机场就是一次著名战例。

阳明堡飞机场位于山西省代县阳明堡镇西南，占地 2000 多亩。这是阎锡山修建的机场，日军占领代县后进行抢修扩建，成为日军支援忻口战役的重要机场。1937 年 10 月上旬，为配合国民党军进行忻口战役，八路军第 129 师 769 团奉命在代县一带伺机侧击南下日军。769 团到达指定地区后发现在代县阳明堡一带有日军机场，机场内的日军飞机轮番起飞轰炸忻口、太原等地。769 团决定打掉日军飞机。10 月 19 日，

阳明堡飞机场遗址 ▲

夜袭阳明堡飞机场的战斗打响。战士们冲进机场后与日军守卫展开激战，经过一个多小时的战斗，我军共消灭日军100余人，击毁击伤日军飞机24架。火烧阳明堡飞机场创造了步兵打飞机、以地制空的成功范例。这次战斗削弱了日军空中力量，有力地支援了忻口会战。当时忻口会战前敌总指挥、国民党第二战区副司令长官卫立煌特意致电周恩来：阳明堡烧了敌人24架飞机，是战争历史上从来没有过的事情。我代表忻口正面作战的将士对八路军表示感谢。

此后当地群众一直传唱一首民谣歌颂这场战斗：万里长城万里长，雁门关下古战场。阳明堡里一把火，日寇飞机一扫光。

链接：电影《夜袭》

　　该片是由山西电影制片厂、八一电影制片厂、中央电视台电影频道联合出品的一部反映火烧阳明堡飞机场战斗的电影。影片根据真实历史事件改编，呈现了八路军 769 团在陈锡联团长的率领下袭击日军阳明堡机场的整个过程。

国际主义战士

◎永远的白求恩

　　1937年"卢沟桥事变"后，抗日战争全面爆发，引起了国际社会的广泛关注，许多主持正义的国家和人民采取各种方式援助中国。亨利·诺尔曼·白求恩就是这样一位无私援助中国的国际友人。

白求恩塑像 ▲

　　亨利·诺尔曼·白求恩1890年3月出生在加拿大安大略省格雷文赫斯特镇，1916年毕业于多伦多大学医学院。1938年3月，白求恩受加拿大共产党和美国共产党派遣，率领加美援华医疗队向中国进发。他在船上给妻子写信说："我现在到中国去是因为我觉得那是需要最迫切的地方，也是我能够最有用的地方。"

　　3月21日，白求恩到达中国西安，住在八路军西安办事处，恰遇有人突发急性阑尾炎，白求恩就在地下室架起简易手术台做起手术。3月底白求恩到达延安，8月任晋察冀军区卫生顾问，悉心致力于改进部队的医疗工作和战地救治工作。他说："我不是来享受的，优厚的物质生活我早就有了。

白求恩纪念馆 ▲

但为了理想我都抛弃了！需要照顾的是伤员，不是我。"

5月底白求恩带着医疗队来到晋察冀军区所在地山西省五台县金刚库村，创办了根据地第一所模范医院，建起了附属卫生学校，培养医生和护士。建院第一周就为521名伤员做了检查，为147名伤员做了手术。1939年10月28日，白求恩在抢救伤员时不幸划破了左手中指。11月1日，在巡诊时发现了一位头部受伤并患了颈部丹毒合并蜂窝组织炎的伤员，这种病不立即手术就会有生命危险。白求恩立即安排手术抢救，伤员得救了，他自己手上的伤口却受到了这种病毒感染。聂荣臻动员他到后方医院治疗，白求恩说："不必了，我是医生，我知道我患的是脓毒败血症，能用的办法都用了，还是让我抓紧时间多抢救几个伤员吧。"由于病情恶化，11月12日，这位伟大的国际主义战士停止了心脏跳动。他在给聂荣臻的遗书中写道："我在这里十分快乐，我唯一的希望是能多有贡献。请转告毛泽东主席，感谢他的中国共产党给我的帮助。在毛泽东主席的领导下，中国人民一定会获得解放。"

链接：《纪念白求恩》

　　1939 年 11 月 12 日白求恩牺牲后，毛泽东主席于 12 月 21 日写下了《纪念白求恩》一文，文中概述了白求恩同志来华帮助中国人民进行抗日战争的经历，表达了对白求恩逝世的深切悼念，高度赞扬了他的国际主义精神、毫不利己专门利人的精神和对技术精益求精的精神，号召每一位共产党员都要学习白求恩的这些精神，并且要做"一个高尚的人，一个纯粹的人，一个有道德的人，一个脱离了低级趣味的人，一个有益于人民的人"。

巾帼英雄

◎不平倭寇誓不休的李林

"甘愿征战血染衣，不平倭寇誓不休。"这是抗日民族英雄李林在抗战时期写下的诗句。她是这么说的，也是这么做的，她用挥刀跃马、征战沙场建立的不朽功勋实践了自己的誓言。

李林原名李秀若，1915 年出生于福建龙溪县一个贫苦人家，幼年时被侨眷领养，侨居荷属爪哇（今印度尼西亚）。李林一开始在厦门集美中学读书，1933 年冬又到了上海爱国女中学习。女中附近就是日军军营，目睹横行霸道的日军，李林写下了"甘愿征战血染衣，不平倭寇誓不休"的诗句。1936 年李林考入私立民国大学，参加了中国共产党领导的先进青年抗日救国组织"中华民族解放先锋队"。1936 年李林加入中国共产党，之后投笔从戎，奔赴山西进入军政训练班学习。按照组织安排，1937 年李林离开军政训练班到山西牺牲救国同盟会（简称"牺盟会"）工作。抗战全面爆发后，李林来到牺盟会大同中心区担任宣传部部长，同时参加党的雁北工委工作。根据晋绥边区工委指示，李林组建了雁北抗日游击队第八支队，并担任第八支队支队长兼政治主任，从此这支队伍便转战雁北一带，威震敌胆。1938年6月，雁北抗日游击队奉命改编为八路军120师独立第六支队，原雁北游击队五支队和八支队改编为雁北独立第六支队骑兵营，李林担任骑兵营教导员。李林带领骑兵营征战在雁北大地上，取得了一个又一个胜利。

1940年4月底，日寇突然包围了雁北的洪涛山抗日根据地，为了掩护党政机关干部和训练班学员安全转移，李林率

李林塑像 ▲

90

领骑兵队伍向敌人杀去，大队人马则从另一个方向突围。李林他们猛冲猛打，冲出了敌人的包围圈。李林听到大部队在的地方仍然响着激烈枪声，知道党政机关干部和训练班学员还没有突围，便毅然率领队伍调转马头杀了回去。大队人马安全突围，李林他们却又陷入敌人的重重包围中。最终，身负重伤的李林壮烈牺牲。

链接：《华侨抗日女英雄——李林传》

这是由山西作家王宝国撰写的一部记录巾帼英雄李林生平业绩的传记文学作品，2012 年该书由团结出版社出版发行。

严刑利诱奈我何

◎抗日民族英雄金方昌

　　抗日战争全面爆发后，无数优秀中华儿女挺身而出，毅然奔赴抗日前线，谱写了一曲曲保家卫国、感天动地的英雄赞歌。抗日民族英雄金方昌就是其中的一位。

　　金方昌，回族，1920 年 6 月 11 日出生在山东聊城，1935 年考入位于聊城的山东省立第三中学，1936 年加入中华民族解放先锋队，投入学生抗日救亡运动。1937 年七七事变后，金方昌随兄来到山西运城，进入山西民族革命大学学习。1938 年 2 月，金方昌加入中国共产党，8 月，组织上派他到晋察冀边区的山西代县开展抗日工作。金方昌到代县后担任赵家湾区（今赵家湾村一带）区委书记，随后组织队伍与敌人展开坚决斗争。在金方昌的领导下，赵家湾很快成为代县模范抗日根据地。1939 年冬天，县委调他到斗争环境更为恶劣的城关区（今城关镇一带）担任区委书记，1940 年 11 月，金方昌到代县赤土沟一带督运公粮时遭到敌人包围，子弹打光后，终因寡不敌众而被捕。

金方昌被捕后敌人如获至宝，利用各种手段企图逼迫金方昌投降。金方昌被折磨得死去活来，但他不为所动，在敌人的监牢里沾着鲜血写下"严刑利诱奈我何，颔首流泪非丈夫"的诗句。在牺牲前夕，金方昌给县委和哥哥写了两封信。

金方昌画像 ▲

他在给县委的信中写道："无论在敌人拷打中、利诱中，我没有暴露一点秘密。牺牲是为了革命，没有什么，这是革命的代价。"他在给哥哥的信中说："我在被捕后没有丝毫悲伤，我只有仇恨和斗争。我知道我是为了民族的解放、全人类的解放而牺牲。"同年12月，金方昌在代县英勇就义。

为了永久纪念金方昌烈士，晋察冀边区政府把金方昌战斗过的大西庄村改名为方昌村。新中国成立后，金方昌的遗骨被移入晋冀鲁豫烈士陵园。1986年，聂荣臻元帅为金方昌烈士墓碑题字：抗日民族英雄金方昌烈士永垂不朽！

链接：金方昌给哥哥的遗书

永昌、默生胞兄：

我于二十九年十一月廿三号在代县大西村被敌捕。临捕时以手枪向敌射击,弹尽将枪埋藏后拼命北跑,敌有骑兵追上被捉。我高呼中华民族解放万岁,并向敌伪讲演。

我在敌人的牢狱里、法庭上,拷打中、利诱中始终没有半点屈服、惧怕。我在被捕后没有丝毫悲伤,我只有仇恨和斗争。我知道我是为了民族的解放、全人类的解放而牺牲。我在牢狱是向这些罪人工作着。我没有想过我再会活,也决不会活,我只有死。不过我在死前一分钟都要为无产阶级工作。

我要求哥哥们：

一、能坚决为无产阶级革命奋斗到最后胜利的时候。这不仅是你们要有这种人生观,能为这种事业干,并且得把自己锻炼成像列宁、斯大林、毛泽东一样会运用马列主义到实际中去。这样才能使自己坚持到无产阶级革命成功的时候。这里边还有这样希望,就是希望你们能在快乐的幸福的共产主义社会里生活。最后希望到那时候你们还存在。

二、要求哥哥们能把咱们弟弟、侄侄们都能培养成无产阶级的革命战士，尤其是把七弟（尔昌）能培养成坚强的革命伟大人物。

哥哥们永别了！祝你们健康，致最后敬礼！

你的弟弟写于敌人木牢。

十二 二

全面开花

◎影响深远的百团大战

1938年武汉失守后，侵华日军速战速决的战略图谋没有实现，抗日战争进入战略相持阶段。日军把战略进攻重点指向华北各抗日根据地，对这些地区轮番进行大"扫荡"，对抗日根据地形成分割、封锁和网状压缩式包围。中国抗战形势处于"空前投降危险与空前抗战困难"之中。在这种困难的情况下，中共中央和八路军总部考虑利用日军交通线空虚、守备薄弱的特点，决定发动百团大战。

百团大战开始的时间为1940年8月，1941年1月结束。这次战役的主要目标是对正太铁路进行破袭，同时对平汉、同蒲、津浦等铁路、公路进行广泛的破袭。我军参战部队共有105个团20余万人，整个战役分三个阶段。第一阶段作战重点是以正太路为中心的交通总破袭战。第二阶段作战重点是摧毁交通线两侧和深入根据地内的日伪据点。第三阶段的作战重点为粉碎日军报复性进攻的反"扫荡"作战。在这次战役中，我军一共进行了 1800 多次战斗，击毙击伤日伪军 2.5 万余人，俘虏敌人 1.8 万余人，破坏铁路 470 余公里、公路 1500 余公里，并且缴获了大量军用物资。

百团大战粉碎了日军对华北抗日根据地的报复性扫荡，直接影响了日军在华中、华南的作战，大大提高了抗日根据地和游击战争的地位，检阅了根据地抗日军民的伟大力量，提高了中国共产党在全国的威望，巩固和发展了中国共产党在抗日民族统一战线中的领导地位，使中国共产党与其领导的八路军得到了全国人民的更大拥护和支持。

链接：百团大战纪念馆（碑）

百团大战纪念馆（碑）爱国主义教育基地，位于阳泉市西南 5 公里的狮脑山顶峰，海拔 1160 米，基地总规划面积 23 平方公里，目前已开发面积 1.32 平方公里。该基地是闻名中外的百团大战主战场之一，年接待游客 20 余万人次，是山西省乃至整个华北地区对广大青少年进行爱国主义教育、革命传统教育和理想信念的教育基地。

百团大战纪念馆 ▲

文学经典

◎赵树理的《小二黑结婚》

抗战时期，山西不仅是敌后抗日的主战场，也是敌后抗战文学的主战场，涌现了一大批作家、诗人，创作了一批脍炙人口、影响深远的优秀文学作品。赵树理就是其中的一位。赵树理，原名赵树礼，1906 年 9 月 24 日出生于山西省晋城沁水县，毕业于山西省立长治第四师范学校。赵树理出生在农村，非常熟悉农村、农民生活，在抗战前夕就创作发表了反映农村生活的《金字》《盘龙峪》等小说。赵树理在抗日战争和解放战争期间创作了《小二黑结婚》《李有才板话》《李家庄的变迁》《福贵》等深受广大群众欢迎的小说。新中国成立后，赵树理继续深入农村生活，笔耕不辍，先后完成了《登记》《三里湾》《锻炼锻炼》《灵泉洞》（上集）《实干家潘永福》等作品。赵树理于 1937 年加入中国共产党，历任中国文联常务委员、中国作家协会理事、中国曲艺家协会主席。1970 年 9 月 23 日，赵树理逝世，终年 64 岁。赵树理在中国现代文学史上占有重要地位，他是中国真正熟悉农村、热爱农民的杰出作家之一。他的小说多以华北农村为背景，坚持用现实主义方法反映农村社会的变迁，塑造农村各式人物形象，同时坚持民族化、大众化的创作道路，努力使自己的创作与农民的阅读心理、欣赏习惯相一致，这种创作追求使他的作品既有强烈的时代精神、浓郁的生活气息，又有鲜明的民族色彩。

《小二黑结婚》是赵树理的成名作，也是中国现代文学中著名的短篇小说之一。该小说讲述了抗战时期解放区一对青年男女为追求婚姻自由，冲破封建传统和守旧家长的阻挠，最终结为夫妻的故事。1943年，在中共中央北方局从事抗日宣传工作的赵树理奉命到辽县（今左权县）进行调研，调研中听到当地一对男女青年，因自由恋爱，男青年被人活活打死的故事。于是，自小

赵树理塑像 ▲

就生活在这块土地上、有着深厚生活积淀的赵树理便以此为原型，很快创作出一部鞭挞封建思想、赞扬婚姻自由的小说《小二黑结婚》。赵树理创作完成后即把小说原稿送给中共中央北方局党校党委书记兼教务主任杨献珍审阅。杨献珍读后认为这是一部通俗活泼、格调清新的好作品。杨献珍随后把这部书推介给彭德怀的夫人浦安修。彭德怀看完《小二黑结婚》后即题词："像这种从群众调查研究中写出来的通俗故事还不多见。"《小二黑结婚》很快由太行新华书店出版发行。这部雅俗共赏、风格独特的小说一出版就引起了轰动，不仅在太行区发行了数万册，而且还被当地老百姓改编成很流行的秧歌剧到处演唱。赵树理因此一举成名，《小二黑结婚》也成为抗战时期根据地文艺创作的代表作之一。

链接：太原市赵树理旧居

太原市赵树理旧居位于太原市杏花岭区南华门15号，省级重点文物保护单位。这是著名作家赵树理晚年在太原的旧居，整体建筑为晚清结构的四合院，坐北向南，占地面积308平方米，现存院门、南房、东房、垂花门。赵树理居东房，面阔三间，陈设有书桌、衣柜、床等生活用品，以及小说原稿、照片等珍贵文物。

烽火传奇

◎马烽西戎的《吕梁英雄传》

　　《吕梁英雄传》是中国现代文学中著名的长篇小说之一，这部作品基本是在抗战时期完成并发表的。小说以吕梁山区一个名叫康家寨的村庄为故事背景，生动地再现了晋绥抗日根据地广大人民群众与日伪英勇斗争的历史过程。这部作品是著名作家马烽、西戎的代表作，自问世以来，就以其朴素清新、通俗易懂、故事性强而赢得了广大人民群众的喜爱。

文学作品《吕梁英雄传》 ▲

　　马烽，原名马书铭，1922 年出生于山西省孝义县（今孝义市）居义村，因父亲去世，7 岁时随母亲寄住在汾阳县（今汾阳市）东大王村舅父家。1938 年，16 岁的马烽参加了抗日游击队。1940 年马烽被送入延安鲁迅艺术学院附设的部队艺术干部训练班学习。1942 年，马烽创作的《第一次侦察》在《解放日报》发表。同年夏天，马烽加入八路军 120 师"战斗剧

马烽塑像 ▲

社"，继续从事文艺宣传工作。1944 年，马烽调入晋绥边区文联，同年调任《晋绥大众报》编辑，后升任主编，并先后兼任《抗战日报》副刊编辑、吕梁文化教育出版社总编辑、《人民时代》编辑等，这期间陆续发表了不少通讯特写、通俗故事等，和西戎合著的长篇小说《吕梁英雄传》发表后受到读者热烈欢迎。新中国成立后，马烽创作了《饲养员赵大叔》《结婚》《三年早知道》《我的第一个上级》《刘胡兰传》《结婚现场会》等优秀作品，其中《结婚现场会》获全国优秀短篇小说奖。与此同时马烽单独或与人合作先后创作了《扑不灭的火焰》《我们村里的年轻人》《泪痕》《咱们的退伍兵》等电影文学剧本，这些剧本也先后搬上荧幕并引起巨大反响。马烽担任过中国作家协会山西分会主席，山西省文联主席，山

西省政协副主席，中国作家协会党组书记、副主席等。1992年，马烽被中共山西省委、山西省人民政府授予"人民作家"称号。2004年1月31日，马烽在太原病逝。

西戎原名席诚正，1922年12月出生在山西省蒲县西坡村，6岁到化乐镇读书，后被堂兄带到蒲县上高小，在堂兄影响下阅读了大量中国古典文学以及鲁迅等现代作家的作品，由此爱上文学。1938年，西戎参加了县牺牲救国同盟会工作团。1940年，西戎随团来到延安，并进入延安鲁迅艺术学院学习。1940年，西戎返回晋西北，被编入吕梁剧社，同年冬被送入延安鲁迅艺术学院附设的部队艺术干部训练班学习，后又转入八路军留守部队艺术学校戏剧班，比较系统地学习了戏剧理论，阅读了大量古今中外名著，为他今后的创作奠定了基础。1942年，西戎调入八路军120师"战斗剧社"，并于10月31日在《解放日报》发表短篇小说处女作《我掉了队后》。1944年，西戎调入《晋绥大众报》任编辑，其后南下创建《川西日报》，任编委兼副刊部主编，随后调任《川西农民

西戎 ▲

报》社长兼总编辑。1952年，西戎调到北京中央文学研究所创作辅导组任副组长。1955年，西戎调回山西，担任山西省文联副主席、中国作协山西分会副主席、《火花》杂志主编等。西戎的主要著作有长篇小说《吕梁英雄传》（合著）、短篇小说集《宋老大进城》、散文集《寄语文学青年》，电影文学剧本《叔伯兄弟》《扑不灭的火焰》《黄土坡的婆姨们》等作品。1992年，西戎被中共山西省委、山西省人民政府授予"人民作家"称号。2001年1月6日，西戎在太原病逝。

1944年冬，春晋绥边区召开第四届群英大会，大会表彰了抗日战争期间涌现出的142位民兵英雄。其中有神枪手，有破击英雄，有锄奸模范等。大会结束后，《晋绥大众报》准备一一介绍这些英雄人物，但限于版面，耗时又太长，当时负责报道工作的马烽和西戎经过一番讨论后，决定把这些民兵英雄故事糅合在一起，以《吕梁英雄传》为题目，以通俗小说的形式宣传他们的英雄功绩。他们的想法得到编委会的肯定。此后马烽和西戎从1945年春开始采访受表彰的先进人物，编撰写作大纲，然后分头写作。

1945年6月5日，《吕梁英雄传》开始在《晋绥大众报》上连载，每周一回，边写边登，到1946年8月20日全部刊载完毕，共95回。《吕梁英雄传》在报上刊载后引起极大轰动，马烽和西戎也因此声名大振。这部书先后被新华书店、苏中韬奋书店、东北书店、大连大众书店印刷发行。新中国成立后，《吕梁英雄传》又被北京新华书店、人民文学出版社、通俗读物出版社、作家出版社等再版发行。同时被翻译成日、俄、朝鲜、波兰、匈牙利、罗马尼亚等国语言在国外出版发行。在中国人民大学语言文学系文学史教研室编著的《中国现代文学史讲义》中，编著者对《吕梁英雄传》给予高度评价："这部作品和我国民族的优秀文化传统有着密切的血肉关系，小说的重大主题和动人的英雄事迹是通过劳动人民所喜闻乐见的形式，如生动曲折的情节，富有传奇性的场面，章回体的形式以及通俗的语言等表现出来的，特别是故事情节的描写，作品没有为表现惊险场面而故弄玄虚，每一个战斗场面的安排，都是围绕着主题思想而展开的。"

链接：电视连续剧《吕梁英雄传》

2006 年 8 月 30 日，由中央电视台中国电视剧制作中心、中共吕梁市委、吕梁市人民政府、山西省广播电视总台根据长篇小说《吕梁英雄传》联合摄制的同名电视连续剧在中央电视台播出。

烈火金刚

◎沁源围困战

　　沁源位于山西省中南部，长治市西北部，地处太岳山东麓。抗日战争时期，沁源是太岳抗日根据地首府所在地，发生在这里的"沁源围困战"成为中外战争史上的一个奇迹，当时就受到中共中央的重视和表彰。1944 年 1 月 17 日，《解

沁源围困战纪念碑 ▲

放日报》发表了《向沁源军民致敬》的社论，指出"模范的沁源，坚强不屈的沁源，是太岳抗日民主根据地的一面旗帜，是敌后抗战中的模范典型之一。"

沁源地理位置重要，是抗战时期华中、华东、华北各抗日根据地通往延安的一条重要交通线，具有重要的战略地位。日军华北方面军司令部为了除掉这块心头之患，决定在沁源建立华北"山岳剿共实验区"。1942 年 10 月，日军华北方面军司令部调动 7000 余兵力，兵分七路，对沁源发动了"扫荡"，并占领了沁源县城及附近地区。沁源军民从 1942 年 12 月至 1945 年 4 月，对占领沁源的日军发动了长达两年半时间的围困战。

中共沁源县委和当地驻军组成沁源军民对敌围困斗争指挥部，将全县划分为 11 个区，以主力部队、民兵和基干队组成 13 个游击集团，对日军进行长期围困作战。他们首先开展了"空室清野"大行动，把水井填死、碾磨炸毁、粮食运走，使日军失去了赖以生存的物质基础。接着又掀起"抢粮"运动，乘夜摸进敌人据点将敌人抢走的粮食又运出来。同时家家造石雷，个个埋石雷，在敌人的交通要道上全部埋下石雷，特别是 1945 年 3 月的总围困中，沁源军民将 4000 多颗石雷、地雷布设在敌人周围，使敌人寸步难行。在两年多英勇的围困斗争中，全县有 3100 多名军民献出了生命，4 万多间房屋被烧毁，3400 多头牲畜被抢走。部队、民兵作战 2700 多次，毙伤日伪军 3000 多人，解救被俘群众 1700 多人，夺回牲畜 2000 多头。1945 年 4 月 11 日，侵占沁源的日伪军在付出惨重代价后狼狈逃走。沁源围困战取得最终胜利。

链接：太岳山国家森林公园

太岳山国家森林公园位于山西省长治、临汾、晋中三市交界处，占地 60000 公顷，园内森林覆盖率达到 48.5%，有木本植物 233 种，草本植物 500 多种，野生动物 166 种，其中兽类 46 种，鸟类 120 种。该公园是以自然山水为依托，森林风光为主体，人文景观为点缀，集避暑、览胜、探险、攀登、野营、科考、教学、沐浴为一体的综合性旅游园区。

浴血太行

◎黄崖洞保卫战

　　黄崖洞位于山西省黎城县城北 45 公里的太行山之中，因这里的悬崖陡壁皆为黄色并有一天然石洞而得名。黄崖洞既是优美的自然景区，又是大家向往的红色纪念地，当年八路军在这里创建了抗日战争时期敌后根据地最大的兵工厂，并因为保卫兵工厂进行的一次防御作战——黄崖洞保卫战而闻名遐迩。

　　抗日战争爆发后，八路军东渡黄河挺进到山西抗日前线，与日伪作坚决斗争。当时八路军武器十分匮乏，好多战士没有枪支，只能用大刀、长矛作战。为了解决我军装备问题，八路军总部在榆社韩庄村成立了总部修械所，修理我军在战斗中损坏的武器以及缴获的敌人枪械，同时制造一些手榴弹、地雷、步枪，步枪最高月产量五六十支，无法满足战争的需要。1938 年，中共中央六届六中全会提出"每个游击战争根据地都必须尽量设法建立小的兵工厂，办到自制弹药、步枪、手榴弹的程度，使游击战争无军火缺乏之虞"，"把提高军事技术，建立必要的军火工厂，准备反攻实力"作为"全中华民族的当前紧急任务"之一。根据这一决定，八路军总部于1939年5月成立了军工部，同年在地形隐蔽的黄崖洞正式建起我军规模最大的兵工厂，为赢得抗日战争胜利和全中国的解放做出了不朽的贡献。

黄崖洞兵工厂的发展使日本侵略者十分惊恐。1941年11月，装备精良的7000余日军兵分多路直扑黄崖洞，企图将兵工厂一举铲除。八路军则以一个团的兵力，凭借有利地形，英勇抗击来犯之敌，经过8个昼夜交战，日军始终无法占领黄崖洞，在被歼1000余人后被迫撤出黎城。在战斗中，黄崖洞之水窑口出现了最激烈的战斗，敌人连续进攻4天，伤亡近1000人才突破几百米。此后敌人改变战术，加强了兵力、火力，甚至连毒气弹和火焰喷射器都用上了。守卫在水窑口的八路军战士与三面进攻之敌激战，利用地雷战、肉搏战连续多次打退敌人进攻。黄崖洞保卫战的胜利谱写了一曲中国人民可歌可泣、激动人心的壮烈史诗，耸立起一座中华民族不屈不挠的丰碑！

链接：黄崖洞景区

　　黄崖洞景区位于山西省黎城县境内，景区内奇峰突兀，怪石嶙峋，这里曾建有八路军最大的兵工厂，主要遗迹有镇倭塔、血花亭、吊桥天险、黄崖洞保卫战烈士墓地、纪念碑、兵工厂车间等。

黄崖洞保卫战殉国烈士纪念塔 ▲

红色银行

◎新中国的金融业从这里诞生

抗日战争全面爆发后，八路军三大主力跨过黄河开赴山西抗日前线，并先后建立了晋察冀抗日根据地、晋冀鲁豫抗

西北农民银行旧址 ▲

日根据地、晋绥抗日根据地。为了发展根据地经济，支持八路军持久抗战，各根据地先后建立了兴县家民银行、晋察冀边区银行、冀南银行、西北农民银行等。

晋察冀边区银行于 1938 年 2 月 18 日在山西五台县石咀乡（今石咀镇）成立，发行晋察冀边区币，是晋察冀抗日根据地的本位币。冀南银行于 1939 年 10 月 15 日在山西省黎城县小寨村成立，发行"冀钞"，是晋冀鲁豫抗日根据地的本位币。兴县农民银行于 1937 年年底在山西吕梁兴县的县城成立。1940 年 5 月，根据中共中央和晋西区党委指示，兴县农民银行扩建为西北农民银行，发行"西农币"。这些银行的成立为各根据地的发展壮大和八路军的持久抗战做出了重要贡献。抗战胜利后，随着解放战争步伐的加快，各根据地逐渐连在一起。1947 年，西北农民银行与陕甘宁边区银行，合并成立了新的西北农民银行，统一发行"西农币"。1948 年 4 月 12 日，晋察冀边区银行与冀南银行合并成立了华北银行。

此时我中国人民解放军大踏步地向敌占区进军，各根据地不仅连在一起，而且不断向外扩展。这时出现了一个有趣现象，就是解放军各部队使用的货币不统一，有的使用"西农币"，有的使用"冀钞"，有的使用"北海币"，有的使用"边区币"等等，货币的不统一不仅给各个部队的采购带来问题，也影响到了整个解放区的经济发展，因此急需整合各根据地银行，发行统一的货币。1948 年 11 月，按照中共中央的指示，华北人民政府以训令的形式发布命令，将西北农民银行、北海银行、华北银行合并为中国人民银行，并于12月1日发行中国人民银行钞券——人民币，作为华北、西北、华东三大解放区的本位币，统一流通，为建立全国统一的人民币市场奠定了基础。

中国人民银行的三大合并行是西北农民银行、华北银行、北海银行，其中西北农民银行和华北银行是在山西建立、发展起来的，与山西有着密切的关联。在新中国的金融业发展乃至人民币的诞生过程中，山西在其中发挥了重要作用。

链接：黎城小寨村冀南银行旧址

位于山西省黎城县黄崖洞镇小寨村，与黄崖洞八路军兵工厂、武乡县八路军总部、左权县麻田八路军总部相邻。冀南银行旧址为当地开明人

冀南银行旧址 ▲

士延秋宝先生的祖宅，为清晚期民居建筑，现存有冀南银行总行旧址、总行政治部旧址、印钞厂旧址等，总占地面积2.5万平方米。旧址内设有冀南银行发展历史的基本陈列，它是全国唯一保存完好的根据地银行旧址，具有较高的历史价值和旅游价值。

上党战役

◎拉开解放战争的序幕

　　抗日战争胜利后，国民党不断制造摩擦。1945 年 8 月，阎锡山指挥晋绥军进犯以长治为中心的上党地区，不久即攻占长子、屯留、潞城等县城，企图分隔太岳、太行两个解放区，并消灭晋冀鲁豫军区主力，形势对我军极为不利。为配合重庆谈判，中共中央和中央军委指示我晋冀鲁豫军区要集中太岳、太行优势兵力，坚决彻底歼灭进入长治的阎锡山军队，上党战役拉开大幕。

　　上党战役从 1945 年 9 月 10 日发起，至 10 月 12 日结束，历时 33 天。上党战役共分三个阶段，第一阶段：孤立长治守军。晋冀鲁豫军区野战兵团在地方部队和民兵的紧密配合下，于 9 月 12 日攻克屯留，17 日攻占潞城，19 日解放长子和壶关。在短短的 9 天时间内连克 4 城，歼敌 6000 余人，长治之敌完全被孤立。第二阶段：歼灭太原来援之敌。长治被重重包围，阎锡山急调两个军及 2 个炮兵团约 2 万人前往救援。10 月

2日，敌人援军先头部队与晋冀鲁豫军区野战部队相遇，敌军伤亡惨重。阎锡山又急令驻沁水的军队救援，随即被我晋冀鲁豫野战部队和地方武装拦阻。10月7日，晋绥军各部开始夺路而逃。除2000余人逃脱外，其余2000余人全部被歼。第三阶段，取得最终胜利。困在长治城里的阎锡山第19军孤立无援，遂于8日冒着大雨弃城西逃。为了全歼逃敌，全体参战军民总动员，于12日将19军主力全歼，19军军长被俘，至此，上党战役胜利结束。上党战役共歼敌3.5万余人，缴获山炮24门，机枪2000余挺，长短枪1.6万余支。

　　上党战役的胜利，给蒋介石和阎锡山以沉重打击，加强了中国共产党在重庆谈判中的地位，鼓舞了解放区军民的胜利信心，巩固了晋冀鲁豫解放区，为解放全中国取得了第一个大胜利。

上党战役北关战地旧址 ▲

链接：上党战役主战场老爷山

　　老爷山位于长治市屯留县（今屯留区）城西北 25 公里处，因是上党战役的主战场而享誉中外，2021 年老爷山革命战斗遗址被山西省人民政府核定入选第一批省级红色文化遗址名录。

碧血丹心

◎少年英雄刘胡兰

　　"生的伟大，死的光荣"这是毛泽东主席在少年英雄刘胡兰牺牲后为她题写的八个大字。刘胡兰原名刘富兰，1932年10月8日出生在山西省文水县云周西村，幼年时母亲去世，父亲刘景谦和继母胡文秀都对她十分疼爱，胡文秀还把她的名字改为刘胡兰，将她名字中的"富"字改为她的姓氏"胡"字。刘胡兰的父亲刘景谦和继母胡文秀都是抗日积极分子，受父母影响，很小的时候刘胡兰就加入了村里的儿童团，不久，当上了儿童团长，小小年纪就为八路军站岗放哨、传递情报、运送粮食。

　　抗日战争胜利后，内战再次爆发，阎锡山的晋绥军卷土重来。刘胡兰参加了区里举办的妇女解放培训班。培训班结束后，刘胡兰回到云周西村，担任村妇女救国会秘书，组织妇女纺线、织布、做军鞋、看护伤员。1946年5月，刘胡兰被调到文水县第五区，参与当地妇女工作，同年6月刘胡兰光荣加入了中国共产党，成为候补党员。刘胡兰入党后，区委又把她派到云周西村工作。形势越来越严峻，为了减少不必要的牺牲，组织上决定让刘胡兰等一批共产党员转移到山上去，同时留下一部分有武装斗争经验的人坚持敌后武装斗争。刘胡兰坚决要求留下来。1947年1月12日，区长和几名武工队员来到刘胡兰家，准备趁天黑把刘胡兰接出去，就在他们要离开时，阎军突然包围了云周西村。由于叛徒出卖，刘胡兰和其他6位革命群众被敌人抓了起来。敌人看到刘胡兰年纪最小，妄想从她身上获取情报，刘胡兰宁死不屈。敌人恼羞成怒，先后将刘胡兰和其他6位革命群众杀害了。刘胡兰牺牲时年仅15岁。

毛泽东主席听说了刘胡兰的事迹后，十分悲痛，亲笔题词："生的伟大，死的光荣。"新中国成立后，当地建起了刘胡兰纪念馆。1971年，为了永久纪念这位少年英雄，云周西村改名为刘胡兰村。

链接：刘胡兰纪念馆

刘胡兰纪念馆位于山西省文水县刘胡兰村，始建于 1956 年，主要建筑物有毛泽东题词纪念碑、刘胡兰事迹陈列室、七烈士纪念厅、刘胡兰雕像、陵墓和观音庙组成，是全国重点烈士纪念建筑物保护单位。

刘胡兰纪念馆 ▲

解放太原

◎山西焕发新生机

　　上党战役结束后至 1947 年春，山西战场上的敌我力量对比正迅速向有利于人民解放军的方向发展，山西成为人民解放军大规模歼敌的战场。1947 年 5 月至 12 月，中国人民解放军三战运城，晋南大部分地区获得解放。1948 年 2 月，晋冀鲁豫军区组成了以徐向前为司令员的前方指挥部，决定发起临汾战役。1948 年 3 月 7 日至 5 月 17 日，解放军经过72 昼夜的顽强奋战，终于取得了临汾攻坚战的彻底胜利，5月 18 日临汾宣告解放。临汾被攻克后，阎锡山以太原为中心进行布防，总兵力达 13 万人。同时组建"闪击兵团"进行机动作战。为了保卫晋中麦收，削弱阎锡山的有生力量，人民解放军华北军区按照中央军委命令，于 6 月 18 日发起了晋中战役。7 月 21 日，晋中战役胜利结束，共歼灭阎军10 万余人，收复县城 14 座。

　　晋中战役后，阎锡山急电蒋介石要求增援，蒋介石由陕西战场空运整编第 30 师来增援太原，阎锡山在太原的守军达到 10 万余人。为了防守太原，阎锡山又在太原外围修建5000 余个形形色色的地堡。1948 年 10 月初，阎锡山出动 7个师的兵力向南进犯，太原战役提前打响，解放军先后歼灭阎军第 44 军、第 45 师，攻占了武宿机场、太原东南石咀子阵地。为了牵制北平、天津、张家口等地的国民党军，中央军委于 11 月 16 日发出暂缓攻占太原的指示。平津战役结束后，中央军委调中国人民解放军第 19、20 兵团和第 4 野战军炮兵第 1 师开赴太原前线。1949 年 4 月 20 日至 22 日，解放军全歼太原城郊外围守敌。随后解放军发动总攻，24 日10 时驻守太原的国民党军全部被歼，华北重镇太原获得解放。1949 年 5 月 1 日，大同和平解放。至此阎锡山在山西的军阀统治彻底结束，山西全境解放。

　　1949 年 10 月 1 日，新中国成立，山西从此进入一个新的发展阶段。

太原解放纪念馆位于太原东山的牛驼寨，这里曾是解放太原的主战场之一。2016年12月，太原解放纪念馆入选《全国红色旅游景点景区名录》。

太原解放纪念馆 ▲

时代气象

太行青松申纪兰，当代愚公李双良。三晋风光，今不同往，赞山西智造，启希望之航……

申纪兰

◎中国唯一连任 13 届的全国人大代表

申纪兰是一个奇迹，一个从太行山小山村走出的奇迹。

1954 年，山西平顺县西沟村的李顺达和申纪兰，作为第一届全国人民代表大会代表，双双走上了中国的政治舞台。

李顺达是中国农村互助合作的领头人，而申纪兰则是在农村互助合作中涌现的女代表。她提出的"男女同工同酬"的倡议，成为一个划时代的妇女解放的标志。

其实，在此之前，申纪兰就在西沟村里践行了男女同工同酬的想法，开创了新中国农村妇女解放的先河。

当时，李顺达作为中国农村互助合作的典范，在西沟村发起了如火如荼的农业生产合作化劳动。申纪兰作为合作社副社长，竭力提倡妇女解放。她主张，劳动就是解放。那个时候，让女人下地劳动，女人们不愿干。女人们说，嫁汉嫁汉穿衣吃饭，自己劳动，嫁汉做啥？申纪兰说，女人不劳动，就没有地位。女人们被她说服了，走出院门下地劳动，她又主张，男女同工同酬。让女人和男人挣同样工分，男人们不干。男人们说，好女不离锅台磨台，女人下地，能做个甚？申纪兰就发起劳动比赛，撒肥、间苗、锄苗，三次劳动比赛，女人们赢了三次，女人终于挣到和男人一样的工分。

之后，申纪兰将男女同工同酬的事情，讲到了长治农村互助合作会议，讲到了中国妇女第二次全国代表大会，又讲到国际民主妇女联合会大会，直至讲到我国第一届全国人民代表大会。"男女同工同酬"被写入了新中国的第一部《宪法》。

同毛泽东主席握过手，在周恩来总理家里吃过饭，1959年至1983年，申纪兰成为第二、第三、第四、第五、第六届全国人大代表。出了名的她本可以脱离农村走进城市，但她不离不弃，始终没丢开过她的西沟小村。

在这期间，她成了"全国劳动模范"，成了平顺县委副书记，成了山西省妇女联合会主任，本来是正厅级职务，也可以转为城市户口，还可以领取薪酬，更可以配备专车，但她一概说"不"："不领工资，不转户口，不定级别，不坐专车"。申纪兰当了10年山西省妇联主任，在西沟坚持劳动10年。最后，她毅然辞去山西省妇联主任职务，彻彻底底回到西沟当她的劳模，当她的西沟村的领头人，打坝造地种粮种树，以致她的两个子女，没有一个因为她而转为城市户口，没有一个享受她的庇荫，或在仕途上有所沾光。

她实实在在地说："我的户口在西沟，我的级别是农民。"

她说："不是西沟离不开我，是我离不开西沟。""我向周总理保证过，要把西沟的荒山都绿化了，离开西沟怎么绿化荒山？""我是农民代表，只有生活在农民中间，才更了解农民的疾苦。"

1988 年至 2018 年，她又成为第七、第八、第九、第十、第十一、第十二、第十三届全国人大代表。作为中国唯一一位连任十三届的全国人大代表，她始终代表着人民。她用自己朴实的感情和言行维护人民代表和劳动模范的神圣职责。

这时候，中国走入市场经济时代，又走入生态文明时代，她领着年青一代西沟人，在山村践行着一个时代的理想。对于西沟的脱贫，她因绿化荒山而获得"母亲河奖"，她把全部奖金捐出给村里开凿了深井；她也曾带领大家建起短平快的铁合金厂，终因看到环境污染严重而坚决关闭；最终，她选择了生态脱贫生态致富的道路，用"绿水青山"换来了"金山银山"。对于山西的发展，她提议建设引黄入晋工程、太旧高速公路建设、大运高速公路建设、太焦高铁，并和社会各界人士合力推进，终使这种种件件提案变成了现实。

在山西她是全国人大代表，在全国她是山西农民代表。

一个人，50 次出席全国人民代表大会，66 年担任全国人大代表，她用一生践行了人民当家做主的社会理想，见证了国家民主政治的当代历程。她以自己无私无畏的精神世界，创造了中国妇女解放的世界奇迹。

外国友人称她为全世界资格最老的"国会议员"。

江泽民同志曾称之为"凤毛麟角"。

她是"劳动模范",她是"太行英雄",她是"改革先锋",她是中国最著名的"人民代表"。2019 年 9 月 29 日,在人民大会堂,中共中央总书记、国家主席、中共军委主席习近平,将一枚金光闪闪的"共和国勋章"佩挂在她的胸前。

2020 年 6 月 28 日,申纪兰,一代劳模,一世代表,以 91 岁的高龄,离开了她爱的这个世界和爱她的这个世界。

她留给世界的,是忠诚、厚道、坚韧、开朗的"山西面庞"。

链接:全国人民代表大会

中华人民共和国全国人民代表大会,是最高国家权力机关。它的常设机构是全国人民代表大会常务委员会。全国人民代表大会和全国人民代表大会常务委员会行使国家立法权。全国人民代表大会由省、自治区、直辖市、特别行政区和军队选出的代表组成。各少数民族都应当有适当名额的代表。全国人民代表大会每届任期五年，每年举行一次会议。

两首歌

◎中国唱响半个世纪的山西风光

《人说山西好风光》和《汾河流水哗啦啦》两首歌将山西唱遍中国，成为山西独有的形象符号。

人说山西好风光 / 地肥水美五谷香 / 左手一指太行山 / 右手一指是吕梁 / 站在那高处望上一望 / 你看那汾河的水呀 / 哗啦啦啦流过我的小村旁

杏花村里开杏花 / 儿女正当好年华 / 男儿不怕千般苦 / 女儿能绣万种花 / 人有那志气永不老 / 你看那白发的婆婆 / 挺起那腰板也像十七八

这歌里，在太行吕梁和滔滔汾河间，一个人走上山冈，挥手指点山西河山，一种浩然之气如汾河之水，浩荡而出……

据说，这首《人说山西好风光》作为电影主题曲，是著名歌词作家乔羽，在杏花村痛饮美酒之后，一挥而就写出的。

1959 年，著名导演苏里带着《我们村里的年轻人》摄制组到山西汾阳贾家庄拍摄电影，邀请著名词作家乔羽给电影创作主题歌。乔羽久久找不到灵感，苏里就请乔羽到杏花村喝酒。汾酒一喝，乔羽诗兴大发，挥笔就写："劝君莫到杏花村"，苏里顿时尴尬，说乔公喝多了，歇歇再写吧，没想，乔羽第二句又出："此地有酒能醉人"，然后，大笔一挥："我今来此偶夸量，入口三杯已销魂。"写毕众赞。酒毕归来，乔羽望着山西大好山河，《人说山西好风光》一气呵成。著名作曲家张棣昌借鉴山西民歌为之谱曲，山西籍著名歌唱家郭兰英演唱此歌，从此，一曲"山西风"主题歌风靡全国。

《我们村里的年轻人》，是著名"山药蛋派"作家马烽创

吕梁风光 ▼

作的电影剧本。之前，马烽在贾家庄体验生活，以贾家庄青年"改碱治水造良田"的事情为生活原型，创作了这部反映社会主义新时代农村生活的作品。电影演绎了一群年轻人炸山修渠劈山引水，引来了清凌凌的河水，也引来热辣辣爱情的故事。"我们村里的年轻人"忙碌在奔向社会主义大道的劳动里和创造改天换地奇迹的自豪里，每个人的身上都沸腾着年轻的热血，每个人脸上都洋溢着由衷的欢笑，电影以新颖风格将一个时代的山西推到全中国的面前，鲜活地呈现了山西清新壮丽的山水风光和山西人昂扬向上的精神气象。

其实，这样的山水风光和精神气象是二十世纪中叶中国的一种时代精神和时代气象。这样的时代精神和时代气象，同样体现在之后唱响的《汾河流水哗啦啦》的歌声里。

《汾河流水哗啦啦》，是著名的"山药蛋派"作家胡正根据自己同名小说改编的电影《汾水长流》的主题歌。

二十世纪五十年代，胡正在山西省榆次市（今山西省晋中市榆次区一带）张庆村体验生活，他真切地看到，组织起来的农民热切向往共同富裕的新生活，然而单门独户的农民依然留恋单打独斗的旧时代。新的思想行为和旧的思想行为矛盾着、冲突着、交锋着，在作家胡正的情感和思想里上演成了活剧，使他激动不已，觉得不表现出来就有一种难以名状的憋闷。之后，胡正便以张庆村的农民生产生活为原型，创作了长篇小说《汾水长流》。作品描写了汾河岸畔一个名为杏园堡的村庄，围绕霜冻、春荒、抗旱、麦收事件，展开了新的时代给农民带来的新的生活，生动形象地展现了那个时代山西农村的现实生活画卷。

《汾水长流》一经出版，立即被改编成话剧、晋剧、电影，在全国引起轰动。巧的是，《汾水长流》与《我们村里的年轻人》，两部作品都写到汾河，两首歌曲都唱到"杏花"；而且，《汾水长流》中汾河边的村庄是"杏园堡"，拍电影时选取的拍摄村庄是"杏花堡"；《我们村里的年轻人》的"我们村"是"杏花村"，两部电影的歌词作家喝的酒也是"杏花村"；而在写出《汾河流水哗啦啦》之后，乔羽所得的"稿酬"，竟也是两瓶著名的山西"杏花村"汾酒。《汾河流水哗啦啦》由山西人高如星谱曲，先后被孟贵彬、郭兰英演唱。两首主题歌，都标志性地打上了深深的山西烙印。

汾河 ▲

汾河流水哗啦啦 / 阳春三月看杏花 / 待到五月杏儿熟 / 大麦小麦又扬花 / 九月那个重阳你再来 / 黄澄澄的谷穗好像是狼尾巴

夸的是汾河好庄稼 / 喜的是咱们合作化 / 千家万户一条心 / 集体思想发新芽 / 新家那个新业新天地 / 再不困守那单门独户旧呀旧篱笆

这首歌，一条大河奔涌而来，在悠扬的民歌风里，流淌出了一派清新自然的山西风光和昂扬激越的山西精神。

多少年后，电影歌曲所叙述的故事也许已经被人淡忘，但这些承载着山西风光的音乐旋律，依然在中国传唱。

链接：两首歌的作曲家

《人说山西好风光》的作曲家张棣昌，曾在太行山上的娘子关和汾河流域的汾阳采风，听山西民歌，学山西民歌，唱山西民歌，谱写山西民歌，最后，他成功创作了《人说山西好风光》的歌曲，使这首歌成为中国流传悠久的经典名曲。

《汾河流水哗啦啦》的作曲家高如星，山西兴县人，从小对山西民歌耳濡目染，有很高的音乐天赋。参军后曾到苏联考察音乐，但创作始终不离山西民歌传统。《九九艳阳天》使他一举成名，《汾河流水哗啦啦》使他声名大震。

链接：乔羽给作家村题词

2018 年，山西汾阳贾家庄"作家村"建成，92 岁的著名词作家乔羽应邀给"作家村"题词："山西汾阳贾家庄是我当年创作歌曲《人说山西好风光》的地方，电影《我们村里的年轻人》讲的正是当年贾家庄的故事。"

赵家洼

◎中国脱贫攻坚的典型缩影

2017年6月21日，中共中央总书记习近平视察赵家洼，当时，赵家洼已被列入岢岚县扶贫搬迁计划，将走向城镇。2017年9月22日，最后留守的6户21名村民"拎包入户"到了岢岚县城的移民新区，至此，赵家洼村实现了整村搬迁。

可以说，赵家洼被许多人知道，是在赵家洼消失的时候。

赵家洼的消失是一种搬迁重生，是走向脱贫的重生。

赵家洼是吕梁山里的一个村庄。一个在战乱与灾荒年代，由逃难者栖居而成的山村。村庄的历史不过百年。

起先，是战乱年代，逃难的人们从东西南北逃到这个山洼，挖洞而居、刨土而食，日出而作、日落而息，勉强糊口度日。后来，到了和平年月，遭遇饥馑的时候，偶或也有人家迁来，给村庄带来些许的动静，也给村庄带来新的劳力。所以，在农业集体化的时期，这个小小山村的村民，达到了 200 多人，成为这个乱家杂姓的村庄历史上最火红的时候。

二十世纪八十年代，中国的农村改革，打破了这个村庄"火红"的平静。先是原先从山外迁来的人，知道了外面的变化，迁回了原籍；后是村里的年轻人看到了外面的世界，搬到大村，搬到了城里；三三两两走，三户两户迁，渐渐地，村里就只剩下了留守的老人和儿童。

赵家洼，一个曾经尚可避难尚可吃饱的村庄，终于被变化的时代甩远了，成了一个落后于现代世界的贫困村庄。

这个村庄的贫困与落后，是属于当代背景下"六多三难三不通"的现代贫困。六多是自然灾害多、山梁坡地多、外流人口多、老年人多、病残人多、鳏寡孤独人口多，三难是上学难、看病难、娶亲难，三不通是不通电话、不通动力电、不通网络。鲁顺民、陈克海所著长篇报告文学《赵家洼——一个村庄的消失与重生》中写道："整个岢岚县，不仅一个村庄如此，是 115 个村庄，莫不如此。"

国家的脱贫政策已经由原先的"粗放扶贫"，发展到后来的"精准扶贫"。如何实事求是，科学有效实现脱贫，就赵家洼而言，等于重建一个村庄；就 115 个村庄而言，等于重建 115 个村庄。如果如此，作为贫困县的岢岚，不仅摆脱不了贫困，反而会进入另一种新的贫困，甚至是整体贫困。

因而，对这些贫困村，岢岚选择了扶贫搬迁。

赵家洼迁出的人与别的村庄搬出的人，聚向移民新村，进入了城镇，融入县城。他们或找上了工作挣上了工资，或开辟了路子做起了产业，成了新的城镇居民。一代久居山村的贫困农民，从此过上了崭新的现代生活。

赵家洼移民新村 ▲

到 2020 年，岢岚创造性地实施整村搬迁，115 个村庄 9582 人迁入新居，8524 户 20245 人全部脱贫；全省"十三五"规划建设的 1502 个集中安置点全部竣工，3365 个深度贫困自然村 47.2 万贫困人口迁入新居，58 个贫困县 7993 个贫困户 329 万贫困人口全部脱贫；而全国，新建 3.5 万安置区 266 万套安置房，960 多万人迁入新居，全国 832 个贫困县 12.8 万个贫困村 9899 万贫困人口全部脱贫。

中国的脱贫攻坚，就是不丢下任何一个贫困者，不落下任何一个贫困户，使每个人过上小康的日子。

在中国，时代给贫困的人们搭建了一个摆脱贫困的舞台，贫困的人们就能走进一种幸福小康的生活。

摆脱贫困，这是现代中国给世界提供的一种人类理想。

脱贫攻坚，又是当代中国给世界找到的一种现实路径。

赵家洼的消失与重生是山西"精准扶贫"的一个缩影，也是中国脱贫攻坚的一个缩影。

2021年2月25日，中共中央总书记习近平隆重而庄严地宣布：我国脱贫攻坚战取得了全面胜利。中国完成了消除绝对贫困的艰巨任务，创造了又一个彪炳史册的人间奇迹！

赵家洼的脱贫搬迁，是山西给中国贡献的一个典型。

新中国的脱贫经验，是中国给世界贡献的爱的礼物。

链接：我国是从什么时候开始精准扶贫的？

中国的"精准扶贫"，是2013年11月中共中央总书记习近平在湖南省花垣县十八洞村考察时提出的。2014年1月，中共中央办公厅完成了"精准扶贫"工作模式的顶层设计，推动了"精准扶贫"思想落地。

"精准扶贫"是相对于不顾及扶贫对象切实生活需要的粗放

扶贫而言的，是指针对不同贫困区域环境、不同贫困农户状况，运用科学有效程序对扶贫对象实施精确识别、精确帮扶、精确管理的脱贫方式。

安太堡

◎中国第一座中外合资的露天煤矿

　　安太堡，一个黄土高原上的塞外村庄，却成为中国最大的露天煤矿。

　　它的名字曾与两个著名人物的名字连在一起：邓小平、阿曼德·哈默。邓小平，我国改革开放的总设计师，曾被世人称为"改变中国"的伟人。哈默，西方石油公司董事长。在苏联被列宁称为"哈默同志"，在中国被誉为"红色资本家"。

安太堡露天煤矿 ▲

　　一位伟人和一位商业大亨的历史性握手，崛起了一座作为时代性地标的中外合资企业——山西平朔安太堡露天煤矿。

　　改革开放以来，积极利用外资是我国对外开放的重要内容。安太堡露天煤矿，就是中国引进外资的时代手笔。

　　1979年，邓小平在休斯敦第一次见到了哈默。邓小平说："你是在苏联需要帮助的时候帮助了列宁的那个人，现在你可要来中国帮助我们啊。"哈默说："我非常愿意。"三个月后，81岁的哈默率领16名随员访问北京，成为最早来中国投资的外国企业家之一。

　　1981年，中国煤炭工业部与西方石油公司就合作开发安太堡露天煤矿展开会谈。邓小平说："哈默愿意帮助我们开发平朔煤矿，两年能出1200万吨，4年达到1500万吨，就说4年，也比我们不晓得快多少。我们过去搞800万吨的煤矿，大体上10年建成，时间很长。像这样的项目，我们应该采取非常热情的态度。"

　　1982年，中方与西方石油公司签署《合作开发平朔安太堡露天煤矿可行性研究报告协议书》。邓小平在北京人民大会堂会见哈默。

　　1984年，中国与西方石油公司正式达成共同开发安太堡煤矿的协议。邓小平又一次会见哈默。也就在这一年，安太堡露天煤矿破土动工，中国投资4.5亿美元，哈默出资2亿美元。安太堡，成为当时世界最大的露天煤矿。

　　1987年，山西平朔安太堡露天煤矿建成。邓小平再次与哈默握手。邓小平说："中国最大的对外合作项目山西平朔安太堡露天煤矿的建成又一次表明，这个改革开放的路子走对了。"当时，同中国合作像安太堡煤矿这样的项目，外国人是缺乏勇气的，所以，邓小平称，哈默是一个"勇敢的人"。

　　那么，安太堡露天矿，是一个什么样子？

　　在一片浩瀚起伏的黄土世界里，挖掘一个巨大的黑色矿坑，由于矿坑向天而开，因而被称为"露天煤矿"。

　　山西是煤海，但以前却没有人见过这么大的露天煤矿。中国不乏煤乡，却也没人见过这么大的露天煤矿。

安太堡露天煤矿 ▲

矿坑是旋涡式地盘旋下去的，运煤的道路旋转着铺展下去，运煤的重卡旋转着匍匐上来，整个露天矿坑，就如一个黑色的旋涡。煤矿总面积376平方公里，煤炭储量126亿吨，据有人测算，可以开采200年。如果挖出来装在长8米长、载重70吨的煤车上排列，连起来，可绕地球36圈还多。

人站在地面看，巨大的挖掘机，在坑底，犹如一个黄亮的玩具，而运煤的大卡车，在道路，犹如一串爬行的瓢虫。大卡车的轮胎高度3.5米，仅一条轮胎，就价值10多万元；而轮胎托着的煤车，载煤量高达300吨。

矿坑之外，完全是一片惊破古老黄土的现代工业生产线。一座"亚洲第一煤仓"，两小时就装满总载一万吨的百辆单元列车，然后，煤炭运往中国港口；中国第一座企业自建的安太堡机场，则通往山西的省会和中国的首都。像山西许多城市因煤而建、因煤而兴一样，朔州，因安太堡煤矿也成了一座新城。

1990年，哈默离世，西方石油公司撤资，退出安太堡煤矿，安太堡煤矿从此开启了自主开采的历程，它不仅没有关停，反而进入了突飞猛进的时代。之后，中国自己谱写了安太堡煤矿的姊妹篇——安家岭露天煤矿和平朔东露天煤矿。

而且，在安太堡，一座挖掘黑色矿坑而剥离堆起的黄色土山——终于遍植了生态树而由黄色变成了绿色。安太堡由黄色的原地貌被摧毁到堆积的黄土山被绿化，这本身就是一个"创造绿色"的故事，这故事的题目就是：中国的最大露天煤矿，怎样成为生态乐园。

一座煤矿，历史性地承担了一个时代的重托，开启了中国对外开放引进外资的当代历史。

一座煤矿，时代性地扛起了导向未来的使命，开启了中国黑色煤炭绿色发展的现代历史。

安太堡，为此成为山西煤炭工业的一个现代起点，也成为中国煤炭工业的一个现代路标。

安太堡之后，中国露天煤矿进入高速发展的绿色时代。

链接：安家岭露天煤矿和平朔东露天煤矿

平朔安家岭露天煤矿，是继安太堡露天煤矿之后，由中国自主设计、自行施工和管理的首座大型现代化露井联采大型煤矿。安家岭煤矿开采的原煤都是侏罗纪时代产生的，共有11层，平均厚度30米，深度在100-200米之间。煤的种类以气煤为主，主要作动力用煤和生活用煤，据2018年统计数据，已探明的储量按每年开采一亿吨算，可开采200年。

平朔东露天煤矿于2010年4月正式开工建设，2013年6月进入设备联合试运行阶段。2016年10月，平朔东露天煤矿通过国家验收，标志着该矿正式进入生产经营期。据 2016 年探明的数据，该煤矿煤炭地质储量超过 16 亿吨，设计年产原煤 2000 万吨，可开采 80 年以上。煤矿采用"挖掘机——单斗卡车——移动破碎站——带式输送机"半连续生产工艺，是当时世界上最先进的露天采矿生产技术。

特高压

◎世界一流的输变电网络

山西煤电是全国闻名的，但特高压并非全国闻名。

实际上，特高压是山西电力工业发展的一个现代高峰。

山西的许多城市几乎都是煤电之城：太原煤电城，大同

特高压线路 ▲

煤电城，朔州煤电城，长治煤电城，晋城煤电城，阳泉煤电城……煤城是电城，电城也是煤城。

人们说，山西的煤电点亮了中国一半的灯。

那么，怎么点亮的？

输煤，输电。

山西人把煤炭输送出去发电，点亮中国的灯。

山西人用煤发了电输送出去，点亮中国的灯。

曾经只是输煤，于是有了一个"现代成语"：晋煤外运。后来山西变输煤为输电，于是又有了一个"现代成语"：晋电外送。

截至 2020 年底，山西发电装机容量已超过 1 亿千瓦，是 1949 年的两千多倍。

二十世纪八十年代，山西成为中国的能源基地。2020 年，山西外送电量，首次突破 1000 亿千瓦时大关。

输电，就要发电。煤炭燃烧锅炉，把煤炭的化学能转化为蒸汽的热能；通过汽轮机把蒸汽的热能转化为旋转的机械能；通过发电机把旋转的机械能转化为神秘的电能。发电机组发出的电力，10 万千瓦，像一辆电动车；20 万千瓦，像一辆摩托车；30 万千瓦，像一辆小汽车；60 万千瓦，像一辆大卡车；100 万千瓦，像一辆载重车；200 万千瓦，就成了一列高速列车。

然后，就有了输电。山西人将煤炭燃烧生产的电，汇至升压站，将其由低压升至高压，由高压升至超高压，由超高压升至特高压，之后，变压，由特高压变成超高压，由超高压变成高压，由高压变成动能和光能。山西输电线路输出的电，35千伏，像一条街道小路；110千伏像一条乡村公路；220千伏，像一条县城公路；500千伏，像一条一级公路；而800千伏和1000千伏，则就变成了一条高速公路。

1000千伏输变电就是特高压，就是输电的"高速公路"。

通常而言，发电机组输送的电力，电压等级越高，输送距离越远，输送容量越大，建设难题也越多。特高压就是这"越高""越远""越大""越多"的世界级难题。其难，难如攀登"珠穆朗玛峰"，其高，也高如"珠穆朗玛峰"。所以人们说，中国人登上了世界电力工业的"珠穆朗玛峰"。因为，这个高峰，是中国人攀登的。而中国的这个高峰，又是由山

特高压线路 ▲

西攀登的。山西特高压是中国特高压的时代起点。

如今，中国已经拥有了 26 项特高压工程（在建 5 项），山西拥有 4 项；而且，中国第一条特高压就建在山西。这就是 2009 年投产的山西长治 1000 千伏特高压。中国第一条特高压在山西的建成，标志着山西电力工业在世界上的突破。之后，山西又建成了 800 千伏雁门特高压，1000 千伏北岳特高压，1000 千伏晋中特高压，成为沟通中国东西部特高压的高速通道。或许可以这样说，如果没有山西的特高压，也就没有中国东西部"电力高速"。

这样，山西特高压以一种银色的矗立，跨越千山万水，架起了一个时代的崭新输送。中国特高压输电是一种绿色的清洁的输送。传统的远距离输煤是一种黑色的污染的输送。一条特高压输电线路一年输送的电量，等于 1000 趟万吨载重列车运送煤炭的发电量。而今，山西的电力生产力，清洁的风电和光电越来越多，污染的火电越来越少，那么山西特高压就是以清洁绿色的方式将清洁绿色的电，送到全国各地。

山西是中国特高压的起点，也是中国特高压的高峰。山西构架的是中国电力工业发展的世界之最。实际上，国外很早就已经有了特高压的概念。但世界特高压，多少年停留在研究和设计上，美国、日本、苏联、意大利，也曾建设过小规模的特高压试验线路，但没有一个国家像中国这样，铺开规模宏大的工程建设和网络浩大的商业运行。所以，山西开启建设的特高压，不仅是中国的特高压，也是世界的特高压。

一位外国专家在看到山西特高压的时候，眼里闪烁着惊奇而激动的泪花。他没有看到特高压在自己的国家崛起，却在山西看到了真实的巨大的特高压的中国化运行。

中国曾经是世界特高压的追赶者和同行者，但很快，中国一跃而成为世界特高压的示范者和领跑者。

可以说，山西特高压一落地就开启了中国特高压的时代，而中国的特高压时代，则远远走在了世界特高压的前沿。

链接："全球一体化"的必经之路

中国电力作家张一龙在长篇报告文学《中国特高压》中指出："自爱迪生依靠电力点燃了第一盏灯泡后，百多年来，交流电从 10 千伏、35 千伏、110 千伏、220 千伏、500 千伏、750 千伏直至前世界最高电压等级的 1000 千伏，直流电也达到了 800 千伏甚至 1000 千伏的特高压等级。逐步升高的电压是为了远距离、大容量输送优质电能，是工业和信息化社会对能源供应的必然要求，是全球一体化的必由之路。"

手撕钢

◎世界最薄不锈钢箔材的中国制造

"何意百炼刚，化作绕指柔"，这句诗有许多人听过。这是一句富有比喻意味的古诗。

"手撕钢"——钢，可以像纸一样撕碎，许多人没有听说过，听起来，就像是神话。

所以，当中央电视台主持人在屏幕上真的将一片钢箔撕开甚至折成"纸飞机"飞起来的时候，中国惊奇了，世界惊奇了。

人们终于相信，这不是比喻不是神话，而是实实在在的创造。

人们当时看到的这片"手撕钢"，是世界最薄的不锈钢箔材，也是世界最宽的不锈钢钢箔。厚度 0.02 毫米，宽度 600 毫米，只有 A4 打印纸厚度的 1/4，被称为"宽幅手撕钢"。

之前，世界最薄的不锈钢箔材的生产技术，长期被日本、德国等国家垄断，他们生产的是厚度 0.05 毫米，宽度 450 毫米的窄幅手撕钢。这已经是不锈钢箔材的世界纪录。长期以来没有哪个国家能够突破。

但是，2018 年，太原钢铁（集团）有限公司——一个具有 80 多年历史的钢铁企业，一座中国最大的不锈钢基地，突破了这个世界纪录，创造了领先世界的新的纪录。

这是一个创新的突破，也是一个艰难的突破。

突破的难题在于"手撕钢"生产要攻克轧制、退火、表面控制、性能控制四大技术难题，而难中之难，是"手撕钢"过光亮退火线时，要经过 260 米长的带钢通道，这时最容易出现的问题是"手撕钢"的抽带断带。

抽带断带，两天发生一次，甚至一周发生十几次，每次断带，都是一种崩裂，崩裂成碎片，甚至，爆裂成粉末，过后，

"手撕钢"生产车间 ▲

仅清理恢复运转，都要花费十多个小时。本来是请了德国专家做顾问的，但德国专家看到屡屡断带，每每崩裂，耸耸肩膀，两手一摊，毫无办法，掉转头，飞回了德国。

德国可是"手撕钢"技术的发明国啊，德国专家都走掉了，这"手撕钢"能干成吗？人们心里产生了疑问。干不成，或者彻底失败，不仅经济损失巨大，关键是核心技术依然掌握在日本人和德国人手里，忙活一顿，中国依然空白。企业家焦虑焦急，年轻人焦虑焦急，心里都憋着一股劲。

"给我1000米，让我试试！""手撕钢"光亮线的首席工程师王向宇向公司请命。1000米"手撕钢"价值10万元，就是说，如果干不成，等于10万元就没了。虽然太钢不缺钱，但钢带报废了，谁也觉得可惜。最后，王向宇只用了400米钢带，就攻克了"手撕钢"的最大难题。

实际上，整个"手撕钢"难题的攻克相当不容易。0.5毫米，0.1毫米，0.05毫米，0.025毫米，0.02毫米，两年时间，175个设备难题，452个工艺难题，711次失败试验，4万多种轧辊排列组合、组合排列，最终才找到一种方法。

终于，第712次，"手撕钢"诞生了！

山西太钢由此成了全球唯一一家能够生产宽幅"手撕钢"的中国企业。中国制造打破了钢箔顶尖技术的国外垄断，树起了中国钢铁制造的一座现代里程碑。

2020年5月12日，中共中央总书记习近平视察太钢，看到全球最薄最宽幅的不锈钢箔材，称赞道："工艺确实好，就像锡纸一样薄，百炼钢做成了绕指柔。"

是不简单。"手撕钢"是现代航天航空领域的重要箔材。卫星上天，要用"手撕钢"；飞船环宇，要用"手撕钢"；航母下海，要用"手撕钢"；核能发电，要用"手撕钢"。

世界越是走向现代化，就越是要用到"手撕钢"。

中国太钢的"手撕钢"曾和国外企业的"手撕钢"一起接受弯折测试，折叠到 30 万次的时候，国外"手撕钢"全部折断，而中国"手撕钢"胜出。

"手撕钢"——柔软而坚韧的"中国钢"。

2020 年 9 月，太钢"手撕钢"又一次刷新世界纪录：再降 0.005 毫米，生产出了 0.015 毫米的极薄"手撕钢"。

也就在这一年，中国的"手撕钢"，第一次出口销往了德国、日本——曾经垄断"手撕钢"的制造大国。

山西制造的"手撕钢"，中国制造的"手撕钢"，终于飞向了宇宙，驰向了深海，走向了世界。

山西，独领世界钢铁、钢铁世界之世纪风光！

链接：太钢历史上的第一

太原钢铁（集团）有限公司（简称太钢）是中国特大型钢铁企业，是中国宝武钢铁集团有限公司的控股子公司和不锈钢产业一体化运营的平台公司。

1952 年，太钢成功冶炼出新中国第一炉不锈钢。1954 年，太钢轧出新中国第一张硅钢片。1966 年，中国第一套万能炉卷轧机在太钢投产。1985 年，中国第一套不锈钢立式板坯连铸机在太钢投产。1988 年，中国第一套立弯式特殊钢板坯连铸机从奥地利引进投产。2003 年，太钢成为中国第一个生产 100 万吨不锈钢企业。2005 年，新材料用于"神舟六号"载人飞船。2007 年，新材料用于"嫦娥一号"探月工程。2016 年，第一次研制出中国制造的"笔尖钢"。2018 年，第一次生产的双相不锈钢用于港珠澳大桥建设。

5G 煤矿

◎首创无人化煤炭开采的中国先例

中国许多人知道，山西是"煤乡""煤海"，山西的煤温暖了中国。有些人也会想，这"煤乡""煤海"里的人，是不是都是"煤黑子"形象？

截至 2015 年底，山西已累计查明的煤炭资源储量约为 2970 亿吨，保有查明储量为 2709 亿吨，占全国总量的 17.3%，居全国第三位。

截至 2019 年，山西累计生产煤炭 192 亿吨，占全国 1/4 以上，其中 70% 外调，覆盖全国 2/3 以上的省份。

二十世纪八十年代，山西成为中国的煤炭能源基地，40 多年来，据说每 5 分钟，就有一趟运煤专列开出山西。

想想，不黑，可能吗？

是黑，但那已是过去。

而今这"煤乡""煤海"，已经不是"煤黑子"模样，而是清洁的绿色的形象，山西的煤矿，在地层深处将没有矿工，将发展为一种无人化的现代煤矿。

山西建成的 5G 煤矿，开创了无人化采煤的中国先例。

在古代的时候，山西的煤炭开采是完全的手工挖煤。由地面的煤坑挖到地下的煤窑，人只能爬着进去爬着出来，采煤也只能用镐、锹、锤，一点一点刨、挖、凿、铲，然后，背着箩筐，驮着煤兜，把煤一筐一筐背出煤窑，或者，用辘轳把煤筐吊上矿洞。煤矿井下工人的工作环境，被称为"四块石头夹着一块肉"，挖出的每筐煤炭，都渗着挖煤人的血汗。

到近代的时候，山西的煤炭开采技术以"放炮落煤"为主。挖煤人依然是钻入矿洞，以铁锤钢钎在煤炭上叮叮当当打出炮眼，装入炸药，进而点燃，接着炸出一坑坑的煤，然后，用锹、铲将煤炭装入手推车，或者装入轨道车，再用绞车将

智能化综采工作面 ▲

煤炭拉出矿井。即使如此，依然是"以人换煤""以血换煤"，那一段煤炭开采的历史，就是黑暗垒起白骨的历史。

到了当代，山西煤炭开采开始进入机械化时代。新中国的成立，给山西的煤炭开采乃至中国的煤炭开采带来了全新的面貌。煤矿已经不再是躬身爬行的煤窑，而是锚杆林立的空旷巷道，是钢架悬撑的穹顶空间，采煤的电钻突突突钻了进去，装煤的矿车隆隆隆开了出来；综采机器刷刷刷旋切开去，运煤皮带载着煤炭哗哗哗流了出来。

进入二十一世纪，山西的煤炭工业已经进入机械化自动化时代。煤的开采，煤的运输，煤的装卸，上不见天，下不落地。山西大地上的每一座煤矿，摘掉了黑色的帽子，抛弃了黑色的面纱，呈现给世界的，是清一色的蓝天白云、绿色

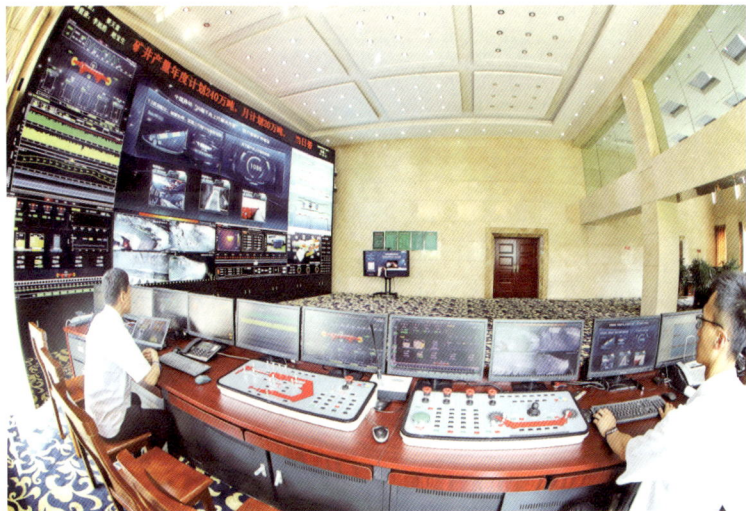

智能化生产调度指挥中心 ▲

生产的形象。

因为在这个时候，山西的无人化采煤来了。这就是山西进入新时代现代化的 5G 煤矿。

5G 煤矿，现代化的智能煤矿，能源生产革命的典例，是一种信息化、网络化、数字化与机械化、自动化、无人化的统一。

管理人员只需要坐在墙壁一样大的荧屏前，轻点鼠标，操作键盘，隔着厚厚实实的地层世界，就看到百米千米深处的煤炭世界。煤炭，被刷刷刷地旋切下来，又哗哗哗地流泻出来。而此时，矿井深处竟没有一个人！

这是由人工化的时代，进入无人化的时代。

山西进入煤矿开采的无人化时代，标志着中国煤炭工业进入新的发展阶段。

5G 是一个里程碑，给中国竖起了一个新的坐标，也给世界树起了一个新的坐标。

链接：中国的能源基地

1979 年，山西向国家呈报《关于把山西建成全国煤炭能源基地的报告》。1982年，国家批准了这份报告，从此，山西逐渐成了全国重要的煤炭能源基地。山西经济"靠山吃山"，开启了"煤炭风光"的时代。在"世纪之交"前后，山西进入煤炭产业发展的"黄金十年"。

链接：山西综改试验区

　　长也煤炭短也煤炭，成也煤炭败也煤炭。山西作为煤炭大省声名远播，但是长期高强度的粗放开发也给山西带来生态破坏、环境污染、产业单一等一系列难题。为此，山西在全国率先提出"转型发展"。2010年，山西向国家呈报了《山西省建设国家资源型经济转型综合配套改革试验区的报告》，获得国务院批准。从此，山西全面启动了"转型发展"和"绿色发展"。

李双良

◎一位搬掉渣山的"当代愚公"

古代的愚公移山，搬掉的是寓言里的一座山。

当代的愚公移山，搬掉的是现实中的一座山。

当李双良把这座山看作"眼中钉"的时候，这座山已经在太钢横亘了半个世纪，在太原城横亘了半个世纪。

这座山是太钢排出的钢渣堆积而成的渣山。

山高 23 米，大约相当于 10 层楼的高度；面积 2.3 平方公里，大约相当于 5 个天安门广场；体积 1200 万立方米，大约相当于 12 个北京的"水立方"；重约 1800 万吨，整整一座铁山一样的沉重。似乎，不是渣山堆在太钢里，而是太钢建在渣山上。

渣山如丑陋的"黄风怪"，动辄搅动尘土风沙，遮天蔽日，弥漫半个城市。太钢拿它没办法，城市拿它没办法；或者说，太钢的办法，不是再加堆高，就是另选渣场。关键是，如果不堆高也不另选，太钢眼看就要被渣山憋得出不了钢。

这个时候，太钢的"劳动模范""爆破能手"李双良站了出来，花甲之年的他向太钢提出：搬掉渣山。

太钢问他："什么条件？"他递上了方案，开出了唯一条件："不要国家一分钱，只要一个治渣权。"

太钢高兴了：这不是一件天大的好事么？于是，双方签下搬山承包合同。签下合同就等于立下军令状。李双良壮怀激烈，叫上儿子，喊上老搭档，组织起治渣队伍，浩浩荡荡开赴渣山——搬山！

看上去，人是不少，但是面对庞大巍峨的渣山，却渺如颗粒。许多现代"智叟们"就笑了："搬山？不可能的事！"但李双良就干不可能的事，或者在李双良眼中，这就是可能的事。

第一战，"以渣养渣"。李双良作为太钢的"老爆破"，他曾在渣场爆破过大铁砣，在渣山捡拾过废钢铁，他知道渣山是放错了地方的宝贵资源，是"几座百货大厦也换不来的宝库"。所以，铁锹钢钎，人拉肩扛，200人掘进，800辆手推车运输，像掘金一样地挖渣挖山。一个月，他们就挖走废渣8万多吨，回收钢铁近4000吨，收入47万元，挖渣人第一次拿到了废钢废铁换来的奖金，最后还结余十多万元。八个月，他们就完成3年承包计划废渣开发量的50%、外运废渣量的87%、废钢回收量的47%，盈利155万元，上缴85万元。两年时间，李双良靠开发渣山，养出一支搬山挖渣的劲旅。

第二步，"以渣治渣"。渣山为李双良输入了源源而来的财力，李双良将这些财力投向机械化开发。挖掘，由人力向机械转化；拣选，由手拣向磁选转化；运输，由轻车向重车转化；废渣，由废物向资源转化；出路，由倾倒向再造转化。一座年产35万吨的钢渣水泥企业高高耸立在渣山，标志着山西李双良搬山治渣的运动进入了一个新阶段。于是，李双良的钢渣垫进城市快速铺开的路基，李双良的建材，筑入城市高速建起的楼群。又一个两年时间，李双良已经挖掉渣山体量的3/4。挖掉的废渣没有转为城市新的累赘，而是在城市的发展里实现了新的价值。

第三步，"以渣吃渣"。之后，在挖掉废渣的地方，李双良建起了一座渣城。一圈高高厚厚的城墙，将渣的世界围成一个别致的世界。墙外，是一道一道的梯田状的生态护坡，从外看上去，就像一座洋溢着绿的城堡，成为城市一道绿色的风景；墙里，是一座每日吃掉钢渣铁渣炉渣的渣场，不仅将渣山旧有的废渣变成了资源，而且将太钢新排的废渣也变成了资源。于是，又是一个两年,渣山剩余的1/4,也被吃掉了；这曾是渣山的地方，不仅耸立起渣城，而且耸立起楼群。而楼群世界，成为城市中的地理历史标志，标志着一座旧的渣山消失了，也标志着从此不会再生新的渣山。

李双良用六年时间将一座渣山搬掉了,将一座高度23米，面积2.3平方公里，体积1200万立方米，总重量1800万吨的钢铁渣山搬掉了。

　　李双良，鏖战六年，搬掉一座渣山，耸起一座渣城，而从这渣城起步，太钢不仅成了中国最大的不锈钢生产基地，而且成了中国最绿的不锈钢生产基地。

　　李双良创造了中外冶金废渣治理史上的奇迹，创造了世界生态环境保护史上的奇迹。他创造的不是寓言，而是把自己创造成了"当代愚公"的现实。

　　1988年，联合国环境规划署授予李双良"保护环境及改善环境卓越成果全球500佳金质奖章"，一枚熠熠闪光的金质奖章佩戴在胸前，他成为获此殊荣的第一位中国劳模。

　　1990年，江泽民同志走进李双良创造的绿色渣城，并题词："学习李双良同志一心为公、艰苦创业的工人阶级主人翁精神，把太钢办成第一流的社会主义企业。"

　　李双良，从太钢走向山西，从山西走向中国，从中国走向了世界。

　　他给中国创造了一种现代神话，也给世界贡献了一种"双良精神"。

　　李双良精神的核心是主人翁精神，李双良精神的实质是"把太钢的事当作自己的事"。李双良精神主要体现在：想企业所想、急企业所急，主动为企业分忧解难的敬业精神；不怕困难、艰苦奋斗，为企业发展勇挑重担的创业精神；团结一致、精诚协作、高效执行的团队精神；遵循规律、珍惜资源、实现人与环境和谐发展的科学精神；与时俱进、挑战自我、精益求精、奉献精品的创新精神。

右玉绿

◎历任县委书记接力种树的中国典范

一片山西丘陵与内蒙古沙原夹着的不毛之地，它自己都没有想到，多少年后，它会把自己塑造成一片生态绿洲。

事实上，它不是自己塑造了自己，而是人，把它塑造。是右玉人，给右玉创造了一个人力种植的生态绿洲。

曾经，只有黄沙，黄沙遍地；只有黄风，黄风蔽日。

清雍正《朔平府志》记载："每遇大风，昼晦如夜，人物咫尺不辨，禾苗被拔，房屋多催，牲畜亦伤。"

右玉老百姓形容："一年一场风，从春刮到冬；白天点油灯，黑夜土堵门。在家一身土，出门不见人。"

一位德国人曾站在右玉荒凉的土地上断言："这地方不适宜人类居住，右玉只能举县搬迁。"

然而，右玉没有选择搬迁，而是选择了自我拯救，选择了一场历经半个世纪的再造、改变。

1949 年，右玉第一任县委书记张荣怀走进右玉。踏遍了右玉的沙原荒丘，他终于看到满目黄沙间的一片绿意。绿意不是别的，是树木和庄稼。张荣怀发现一个生态规律：长树的地方就有水，而有水的地方就长庄稼。于是他提出一个理念："右玉要想富，就得风沙住。要想风沙住，就得多栽树。要想家家富，每人十棵树。每人十棵树，走上幸福路。"之后，他将一把铁锹插在右玉的沙土上，种下了绿化右玉的第一棵树，也树起了右玉的第一面绿的旗帜。于是，十棵、百棵、千棵、万棵，右玉人打响了一场种树的"人民战争"。

右玉种树的"人民战争"是一场特殊的人民战争。几乎所有右玉人都投入了这场改变环境的战争，与风搏斗，与沙搏斗，与天地搏斗。一棵树种下去，一行树种下去，一片树种下去。风刮过来，沙打过来，暴风雨洗劫过来，树被刮倒、被埋掉、被扼杀，是种了死，死了种，是屡战屡败，屡败屡战。所以，右玉人说，在右玉种活一棵树，比养活一个孩子还难。而这样的种树之难，是树的挣扎之难，也是人的苦斗之难。因而，在右玉，珍惜一棵树犹如珍惜一个生命，甚至，是用生命珍惜"生命"。

寒夜突然降温，有人脱下自己的外衣给树苗盖被，结果自己突发高烧而昏倒在工地，倒下去就再没能醒来。暴雨猛然袭击，有人扑出去救护被压倒的松树，结果被滚落的电杆砸倒，牺牲前留下遗言：请把我埋在树下。一位村党支部书记，累极而逝，下葬时，媳妇给他糊了把种树的铁锹，人们跪地请求："不要给他带这铁锹了，他已经够累！"媳妇却说：

右玉 ▲

　　"他一辈子没个惦记，就惦记个植树。"这像一位县委书记，英年早逝，临终前特意叮嘱人们："树是右玉的命根子，一定要保护好树"。

　　右玉的每一位书记，村支部书记、镇党委书记、县委书记，手不离铁锹，心不离植树；右玉的每一任县委书记，都不离铁锹，都不离植树。一位县委书记调离右玉的时候，却忘不了要带一张磨秃的植树铁锹，他说："什么都可以不带，但这把铁锹，我得带上。"第一任县委书记在右玉插下的一把铁锹，唤起20任县委书记在右玉举起铁锹；21把铁锹延绵而来，唤起右玉10万人举起铁锹；而右玉的10万把铁锹，换来的，是一棵棵绿树，给一个曾经黄沙横空的贫瘠版图铺满了绿色。

也曾有人想放下铁锹而开挖煤炭，毕竟，地下蕴藏 34 亿吨煤炭，挖出"乌金"就是钱，但被县委书记挡住了："绿色不进，风沙就进，耽误植树，就是罪人！"也曾有人想丢掉铁锹而开伐木材，毕竟，右玉的地上森林已近 170 万亩，切出板材就是财，但也被县委书记顶住了："在右玉，植树是第一大事，谁也不能打树的主意！"贫瘠和贫困并没有让右玉人放下铁锹、背离植树的初衷，也没有让右玉人举起斧头、伐树卖钱。这背后，不变的初衷，是绿化穷山恶水的信念，是创造绿水青山的理想，是"绿水青山就是金山银山"思想的现实体现。

右玉 21 任县委书记接力种树，沙洲绿了。

右玉人民 70 多年种树植绿，绿洲富了。

70 多年前，右玉森林覆盖率不足 0.3%，70 多年后，右玉的森林覆盖率已近 60%。70 多年前，右玉的土地沙化高达 76%，70 多年后，右玉的沙化土地减少了 90%。

人们测算，右玉 70 多年种植的绿色，将整个右玉覆盖了 90% 还多。如果按每米一棵的距离排列，右玉人栽种的树，可以绕地球赤道两圈半。

一个被人称为"不适宜人类生存"的荒漠，已经获得"联合国最宜居生态县"荣誉称号。

中共中央总书记习近平曾先后 6 次肯定"右玉精神"。

2012 年，他指出，"右玉精神"体现的是全心全意为人民服务，是迎难而上、艰苦奋斗，是久久为功、利在长远。

2020 年，习近平总书记指出，要牢固树立绿水青山就是金山银山的理念，发扬"右玉精神"，统筹推进山水林田湖草系统治理。

一个曾经黄沙浩瀚的地方今天已变成一个绿意浩荡的地方。

右玉人和他们的县委书记创造的是一种绿和绿的精神。

链接：山西植被生态呈增长趋势

2018 年，中国生态气象公报发布，全国 31 个省、区、市植被生态质量，呈改善趋势，而山西，植被生态质量之改善，全国最快。山西生态质量指数在 2017 年是 67.7，较 2001 年至 2016 年，平均值升高 6.4，改善之快，居于全国首位。

2019 年，美国航天局发布的一份卫星数据表明，世界比 20 年前更绿。美国在 2000 年至 2017 年收集的数据显示，全球绿化面积增加了 5%，相当于多出了一个亚马孙热带雨林。仅中国的植被增加量就占到过去 17 年全球植被总增量的 25%，居于全球首位。

链接：山西森林资源发展预测

　　预计到 2025 年，全省森林覆盖率达到 26%，森林积蓄量达到 1.69 亿立方米以上，草原综合植被盖度达到 73.5%，湿地保护率达到 55%。预计到 2035 年，全省森林覆盖率达到 30%，森林积蓄量达到 1.95 立方米，草原综合植被盖度稳定到 75% 左右，湿地保护率达到 60%，全省 75% 的可治理沙地得到治理。

汾河清

◎一条总书记牵挂的中国河流

　　汾河是山西的母亲河，也是华夏母亲河黄河的支流。

　　2017 年 6 月，中共中央总书记习近平站在汾河边上，深情地叮咛："要保护好山西的母亲河，让汾河水量丰起来，水质好起来，风光美起来！"

　　汾河，曾经是一条长流的母亲河。

　　两千多年前，汉武帝刘彻率皇家船队泛舟汾河，写下了《秋风辞》的咏叹："泛楼船兮济汾河，横中流兮扬素波。"

　　一千三百多年前，唐太宗李世民虔诚恭敬地在山西汾河岸畔，写下的《晋祠之铭并序》有言："临汾川而降祉""临汾水而濯心"。

　　在二十世纪六十年代，山西作家胡正联合编剧的电影《汾水长流》，主题歌唱出的汾河春天是："汾河流水哗啦啦，阳春三月看杏花。"

　　那时候，汾河是一条清澈的母亲河。

汾河的源头在山西宁武的森林里。其实，在古代的时候，汾源的森林就已经遭遇破坏。

古代皇家建筑宫殿和民间建造庙宇，所用巨木很多就来自汾源的森林。楼船上汾源，万木下汾河，运木的船队东下洛阳，西上长安，源源不绝从汾源而来。

近现代时期，中国修造铁路和山西修造铁路，所用枕木很多也来自汾河源头。"伐木管涔山，平汉正太通"，拉木的车队，北抵北平，南达武汉，逶迤连绵到汾河源头。

二十世纪六十年代，山西在汾河上游修建了库容7亿立方米的汾河水库，浩浩茫茫蓄起了汾河的来水，防洪防旱，然而正是这水库的阻断，汾河，渐渐开始干涸。

后来，汾河成了一条干涸断流的母亲河。

再后来，汾河，变成了一条被污染的母亲河。

汾河 ▲

随着山西成为我国的能源基地，现代城市工业的崛起带给汾河的不是福音而是不测。

现代工业的铁爪向地心开挖和掘进，在地下挖掘了巨大的漏斗，流失了地下水，在地上构筑了盘结的管线，吐出了污染水，将汾河污染成一条黑色的河流。

现代城市的锯齿向自然啃噬和吮吸，将河流的乳汁饕殄至枯竭，将地下的血液吮吸至匮乏，然后，排放出污浊的肮脏的水，将汾河涂炭成一条脓臭的河流。

乡土工业的毒液向河流倾吐和喷泻，向河道吐出了浓重的丑陋的污染，赤橙黄绿、青蓝紫黑，以狰狞的面目和瘆人的形象，将汾河糟蹋成一条糜烂的河流。

有人说，汾河已经死了。

也有人说，山西有河必干，有水必污。

这时，汾河是一条流血流脓的母亲河。

这样的汾河，痛苦着成为一条"喑哑"的河流。

二十世纪九十年代，山西发出"治理母亲河，绿化两座山，引来黄河水，三晋换新颜"的呼唤，治污、固堤、通路、绿化、疏浚、开发，在汾河上拉开了巨大的汾河拯救工程。

二十一世纪初，山西发出"不要污染的、带血的、虚假的、损害人民利益的GDP"的呐喊，在母亲河上向污染宣战，汾河流域一大批企业建成了污水处理工程。

2017年之后，为了让"汾河水量丰起来，水质好起来，风光美起来，"山西发起千里汾河的治水攻坚决战，堵死排污口，关掉落后污染企业，引来黄河水给汾河补水。

汾河源头，汾河两岸，汾河流域，建成了逶迤蜿蜒的绿化带，汾河岸畔的城市，建成了一个又一个美丽的汾河生态公园。

于是，汾河成了绿色的复流的母亲河。

而今，汾河已经回归，又流淌成了清澈的母亲河。

2020年7月23日，中共中央总书记习近平又走在汾河岸边，说："真是沧桑巨变！太原自古就有'锦绣太原城，三面环山，一水中分'的美誉，如今锦绣太原的美景正在变为现实。""要切实保护好，治理好汾河，再现古晋阳汾河晚渡的美景，让一泓清水入黄河。"

总书记说这些话的时候，汾河浩浩荡荡，一派大河风光。

可以说，杜绝污水排入河流，并给河流以生态补水，这是只有在这个生态文明的新时代，才能取得的绿色壮举！

　　山西给河流以生态补水，近年每年不仅引黄河水向汾河补水 2.3 亿立方米，给汾河送回大河风光。每年还引黄河水向桑干河补水 2 亿立方米，给首都北京送去永定河水色。

　　作为山西两大河流发源地的宁武，在其管涔山脉分水岭的两侧，汾河，一条大河，复活，归来，滚滚滔滔，归向黄河；桑干河，一条长河，复活，归来，弯弯曲曲，流向海河。

　　而汾河和桑干河串起的，是汾源水景、云冈佛境、悬空古刹、晋祠风光、晋商古城、洪洞乡槐、尧都平阳、禹都胜迹和河汾故地。

　　两条大河已经成为山西最长最大的山水风景带、山西最长最大的人居环境带、山西最长最大的文化旅游带，以及山西最长最大的生态文明带。

　　山西，终于又唱响了"汾河流水哗啦啦"的当代赞歌。

汾河 ▼

链接：汾河

汾河是山西的母亲河，是黄河的第二大支流。发源于宁武管涔山，干流由北向南，流经忻州、太原、晋中、吕梁、临汾、运城等城市，全长 700 多公里，最后流入黄河。流域面积 39721 平方公里，占全省面积的 1/4 以上。

链接：汾河—黄河流域退出"劣 V 类"水质

2020 年 7 月，山西省生态环境厅对外发布，2020 年 1 月—6 月，山西汾河流域地表水水质已经全部退出国家地表水劣 V 类水质，累月及单月水质均创历年同期最优。2020 年 12 月，山西黄河流域地表水水质也已经退出了国家地表水劣 V 类水的水质，达到了 III、IV、V 类水体功能。山西全省河流地表水水质，全部达到了国家水体环境功能标准。劣 V 类水即失去水体功能的水。

山西蓝

◎把蓝天戴在头顶的中国能源大省

　　山西曾经是中国空气污染最严重的的省份之一，而今山西早已甩掉了空气污染的帽子，而把蓝天戴在头顶。

　　其实，多少年间，山西就一直在对照国家空气质量的标准，倒逼自己、改善自我，追逐着高高的蓝天白云。

　　山西是中国的能源大省，许多的空气污染源于煤的燃烧。

　　二十世纪八十年代，一位外国人站在山西城市的街头，惊异地说，这城市，怎么在下烟尘雨呢！

　　那时，所有山西城市的街头都落着黑黑的尘埃。落一场雨，地上立马流淌着黑水；下一场雪，白雪顿时变成了黑雪。原因是在城市和乡村，无论是大工厂，还是小企业，都挺着一管管高高低低的烟囱，整日喷吐着浓重的烟尘，将天空污染。

　　据说，中国抚顺曾被称为"卫星上看不到的城市"，实际上，那时候，山西的许多城市也是卫星上看不到的。

　　当时，国家空气质量标准中的首要污染物是烟尘，是细沙一样的粗颗粒物。于是山西空气质量改变的目标是消除烟尘污染。所有的工业上马消烟除尘的设施，不让烟尘排出烟囱。

　　然而，事实上，却仍挡不住滚滚烟尘排向天空。

　　于是，二十世纪九十年代，一位外籍教师走下飞机的时候，感觉太原的空气呛人，掉转头，就又走掉了。

　　显然，粗放的工业生产形式——土法炼焦、土法炼铁、土法炼磺……导致无法真正彻底消烟除尘。城郊的道路依然积着厚厚的煤尘；城市的空间依然立着高高的烟囱；城市的天空依然坠着沉沉的铅云。

　　面对这种情形，国家坚决淘汰污染的落后的土小企业，于是山西打响了向环境污染宣战之役，一座一座的落后小企业被取缔，一管一管黑色烟囱被炸掉，从根子上端掉污染之源。

终于，山西太原，摘掉了全球污染第一的黑帽。

但是，二十一世纪之初，山西临汾、阳泉、大同，却连续三年，成为全国空气污染第一、第二、第三的城市，而临汾成为全球空气污染第一的城市。

山西又发起摘掉空气污染黑帽子的紧急冲锋，忍痛割爱，壮士断腕，遏止污染之烟。不仅淘汰城郊的落后工业，而且关掉城市的工业企业；不仅杜绝城市的黑烟排放，而且杜绝乡村的黑烟排放。"企业不消灭污染，污染就消灭企业。"

这时候的山西，现代焦炉不再冒烟，钢炼冶炼不再排烟尘，现代火电只冒着白气，和天空的白云一个颜色。

于是，临汾、阳泉、大同，摘掉了全国城市污染第一、第二、第三的帽子。

二十一世纪第一个十年，中国启动遏制大气污染的行动计划，山西全速全方位铺开空气环境质量改善攻坚战——消除雾霾。

然而这时，临汾又成为中国空气污染第一的城市。

山西再一次背水一战！

摘不掉污染帽，就摘"乌纱帽"！

山西省委书记、省长，双双成为山西空气质量改善第一责任人，山西各城市的市委书记、市长，双双成为城市空气质量改善第一责任人，立下军令状：只能前进，不能后退！

于是，转型、治企、减煤、控车、降尘。

每两个字的背后，都是沉重的压力，是一个个污染产业的重生，一家家污染企业的转型，一座座煤矿生产技术的改进，一辆辆落后车辆的淘汰，一片片工地的覆盖，之后，现代工业矗立成一种绿色的形象，工业企业盛开成一种花园的形象。"人在煤城不烧煤"，这成为山西绿的生活。

这个时候，不仅临汾重新摘掉了空气污染的"黑帽子"，而且山西所有的城市，头顶都是一片蓝天和白云。

这时，一种自然之美终于回归。

山西给人的形象过去是煤的形象——黑；如今，外省人到了山西，看到山西的天空是响亮的一个字——蓝！

黑，曾压得山西人抬不起头；蓝，却让山西人昂起了头。

北京的游人拍的山西的云天，说："山西归来不看云。"

南北的朋友在网上晒图："山西的天空与南方一样蓝。"

山西的天空从此被人称为"太原蓝""大同蓝""临汾蓝""吕梁蓝""长治蓝"……而在全国，山西的天空又被人称为"山西蓝"。

"山西蓝"又给中国唱起了——人说山西好风光。

链接：山西污染物治理进程

二十世纪八十年代，空气污染治理的主要污染物，是作为颗粒物的烟尘。二十世纪九十年代，空气污染治理的主要污染物，是二氧化硫、氮氧化物和作为悬浮颗粒物的烟尘。二十一世纪第一个十年，空气污染治理的主要污染物，是二氧化硫、氮氧化物和作为可吸入颗粒物的烟尘、粉尘。第二个十年，空气污染治理的主要污染物，是二氧化硫、氮氧化物、臭氧、挥发性污染物、PM10和作为可入肺颗粒物的PM2.5。

链接：打赢蓝天保卫战

2013年，国务院发布《大气污染防治行动计划》，计划到2017年，全国地级以上城市可吸入颗粒物浓度比2012年下降10％，优良天数逐年提高；京津冀、长三角、珠三角等区域细颗粒物浓度分别下降25％、20％、15％左右。

2018年，国务院发布《打赢蓝天保卫战三年行动计划》，计划到2020年，二氧化硫、氮氧化物排放总量分别比2015年下降15％以上，PM2.5未达标的地级以上城市分别比2015年下降18％，重度及以上污染天数比2015年下降80％。

2021年2月25日，生态环境部在京举行新闻发布会，宣布《打赢蓝天保卫战三年行动计划》圆满收官。2020年全国空气质量总体改善，全国地级以上城市优良天数比率为87％，PM2.5未达标城市平均浓度下降28.8％。

出版说明

为本书摄影或提供图片的有张卫平、杨占平、李景平、温学军、李仁、李秀山、杨宇龙、郭万新、王璟、崔峻峰、宋宏雄、叶海锋、孟蕾蕾以及山西画报社等。

本书出版之前，我们通过多种渠道与本书所选用图片的作者进行了联系，得到了他们的大力支持。对此，我们表示衷心的感谢！

感谢所有对本书的编写、审校、出版等提供过帮助与支持的同人和朋友。